J. Krishnamurti

Religiöse Erneuerung

Knaur

Esoterik

Herausgegeben von Gerhard Riemann

Wohl kein Mensch der jüngeren Geschichte hat der spirituellen Suche nach Erkenntnis so starke Impulse gegeben wie Jiddu Krishnamurti. Seiner, ihm von der Theosophischen Gesellschaft zugedachten Aufgabe, als der neue Weltenlehrer bzw. Messias aufzutreten, verweigerte sich Krishnamurti. Denn er erkannte die »Wahrheit als pfadloses Land«, das durch kein wie auch immer geartetes Glaubenssystem, durch keine Organisation und nicht durch festgelegte Techniken erkundet werden kann. Somit hat sich Krishnamurti konsequenterweise der kompromißlosen Suche nach Erkenntnis verschrieben. Bei dieser Suche verbrennen unsere Gewohnheiten und Glaubenssysteme. Wenn sie verbrannt sind, kann aus ihrer Asche Neues entstehen – Neues, das aber im vorab nicht beschreibbar, ja nicht einmal denkbar ist.
Obwohl Krishnamurti insbesondere die westliche spirituelle Entwicklung in hohem Maße beeinflußt hat, ist die Zahl derjenigen, die ihm »in Gedanken und Taten« folgen und »seinen Weg« gehen, extrem gering. Vielleicht ist es das scheinbare Fehlen einer Vision, das Krishnamurtis Weg so unnahbar macht.
Das vorliegende Buch beschäftigt sich mit der Suche nach wahrer Religiosität.

Vollständige Taschenbuchausgabe 1989
Droemersche Verlagsanstalt Th. Knaur Nachf., München
Lizenzausgabe mit freundlicher Genehmigung des
Humata Verlags Harold S. Blume, Bern

Aus dem Englischen von A. Vigeveno

Umschlaggestaltung Dieter Bonhorst
Druck und Bindung brodard & taupin
Printed in France 5 4 3 2 1
ISBN 3-426-04225-8

I

Gespräche in Hamburg

1

Es ist meiner Ansicht nach sehr wichtig, die rechte Beziehung zwischen Ihnen und mir herzustellen; denn Sie haben vielleicht den irrtümlichen Eindruck, daß ich über eine komplizierte Philosophie sprechen will, oder daß ich speziell indische Ideen, eigenartige Gedanken habe, die ich Ihnen aufdrängen möchte. Daher glaube ich, es wäre richtig, zuerst eine Beziehung zwischen uns herzustellen, so daß wir uns miteinander verständigen können.

Ich spreche nicht als Inder zu Ihnen, und ich glaube auch nicht daran, daß eine Philosophie oder Religion imstande ist, unsere menschlichen Probleme zu lösen. Kein menschliches Problem läßt sich mit einer bestimmten Denkungsart, mit Dogma oder Glauben verstehen und auflösen. Ich stamme zufällig aus Indien; aber dort gibt es dieselben Probleme wie hier. Wir sind alle Menschen — nicht Deutsche oder Hindus, Engländer oder Russen; wir sind Menschen und leben in einer sehr komplizierten Gesellschaft mit zahllosen Problemen wirtschaftlicher, sozialer und vor allem religiöser Natur. Wenn wir unser religiöses Problem verstehen, werden wir, glaube ich, auch imstande sein, die gegensätzlichen nationalen Probleme wirtschaftlicher und sozialer Art zu lösen.

Zum Verständnis des verwickelten religiösen Problems ist es meiner Ansicht nach wesentlich, daß Sie nicht an einer bestimmten Idee oder an einem Glauben festhalten, sondern ohne jedes Vorurteil zuhören, so daß wir das Problem gemeinsam durchdenken können. Ich halte es für sehr wichtig, daß man an alle menschlichen Probleme in einfacher, direkter Klarheit und mit Verständnis herangeht.

Wir alle werden von Kindheit an in einem festgelegten Denkschema erzogen und dadurch bedingt, auf bestimmte Weise zu denken. Wir sind an Tradition gebunden. Wir haben unsere Meinungen, Werte und unbestrittenen Glaubenssätze und leben nach diesen, oder versuchen, so zu leben. *Hierin,* glaube ich, liegt das Unglück, denn das Leben ist in dauernder Bewegung, nicht wahr? Es ist lebendig und voller Veränderung, es wechselt stets, und so sind unsere Probleme auch nie dieselben, sie ändern sich beständig. Wir aber gehen an das Leben mit unserem starren und hartnäckigen Sinn voll eigener Ideen und fester Wertbestimmungen heran. Das Leben ist für die meisten Menschen eine Kette verwickelter und unlösbarer Probleme geworden, und so wenden wir uns an andere, daß sie uns leiten, uns helfen und uns den rechten Weg zeigen mögen.

An dieser Stelle halte ich es für richtig, darauf hinzuweisen, daß ich nichts dergleichen im Sinn habe. Ich möchte mit Ihnen zusammen, wenn Sie wollen, Ihre Probleme durchdenken. Schließlich handelt es sich um *Ihr* Leben. Man muß sich selber verstehen lernen, wenn man sein Leben begreifen will; und das eigene Verständnis hängt niemals von der Bestätigung eines anderen ab.

Daher glaube ich, es ist unerläßlich, daß wir zuerst versuchen, uns selber zu verstehen, wenn wir in allem Ernst darangehen wollen, die vielen Probleme, die heute in der Welt bestehen — wie Nationalismus, Krieg, Haß, Rassen- und Religionsunterschiede, — zu erfassen und die Spaltungen zwischen den Menschen zu beseitigen. Es gibt eine sehr einfache Tatsache: wir projizieren das, was wir sind. Wenn ich zum Beispiel nationalistisch gesinnt bin, trage ich dazu bei, eine Gesellschaft voller Unterschiede zu schaffen — Ursache und Keim von Kriegen. So wird es also notwendig und wesentlich, daß wir uns selbst erkennen; das scheint mir das Wichtigste in unserem Leben zu sein.

Religiosität läßt sich nicht in Dogmen, Glaubenssätzen und Bräuchen finden; sie geht weit über diese hinaus und ist etwas viel Größeres. Es wird nötig, daß wir prüfen, *warum* wir uns an bestimmte Religionen, Glaubenssätze und Dogmen klammern. Nur wenn wir das verstehen und uns von den Dogmen, Glaubenssätzen und allerlei Aengsten befreien, können wir untersuchen, ob es Gott oder Wirklichkeit gibt. Doch erscheint es mir äußerst töricht, nur blindlings zu glauben oder nachzufolgen.

Wenn wir also einander begreifen wollen, müssen Sie meiner Ansicht nach erkennen, daß ich mich nicht an eine Gruppe von Menschen, an Deutsche, sondern an jeden einzelnen als menschliches Wesen wende. Das Problem des einzelnen ist das Weltproblem. Die Welt oder die Gesellschaft wird durch das geschaffen, was wir als einzelne sind, denn Gesellschaft ist nichts anderes als die Beziehung zwischen uns allen. Bitte glauben Sie mir: ich spreche als Mensch zu Mensch, damit wir zusammen die vielen Probleme, denen wir begegnen, verstehen lernen. Ich stelle mich nicht als Autorität hin und schreibe Ihnen nicht vor, was Sie tun sollen; denn ich glaube nicht an Autorität in geistigen Fragen. Autorität ist vom Uebel. Und wenn wir untersuchen wollen, was Gott oder Wahrheit ist, was jenseits der bloßen Grenzen des Verstandes liegt, muß alles Autoritätsgefühl verschwinden. Daher ist es so wichtig, daß der Mensch sich selber verstehen lernt.

Ich weiß, welche Frage nun unvermeidlich auftauchen wird: muß es nicht zur Anarchie kommen, wenn keinerlei Autorität mehr besteht? Sicherlich gibt es diese Möglichkeit. Kann aber andrerseits die Autorität Ordnung schaffen? Oder erzeugt sie nur sinnloses, blindes Nachfolgen, das zu Zerstörung und Elend führt? Wenn wir daran gehen, *uns selber* zu begreifen, — und das ist ein sehr komplizierter Vorgang —, werden wir Autorität in ihrer Struktur zu verstehen beginnen. Dann erst können wir als Einzelwesen selber herausfinden, was wahr ist, — ohne Zwang von seiten der Gesellschaft oder Religion, ohne Autorität oder Einfluß eines anderen; dann erst können wir selber etwas jenseits unseres Intellekts, jenseits von Autorität oder klugen Behauptungen anderer großer Menschen entdecken und erleben.

Ich hoffe also, es ist ganz deutlich, daß ich nicht als Inder mit einer besonderen Philosophie spreche, daß ich nicht versuche, Sie zu etwas zu überreden, sondern daß ich mich bemühe, als Mensch zu Mensch zu erklären, wie man es anfangen soll, Wahrheit oder Gott zu finden — wenn es Gott überhaupt gibt. Will man sich selber verstehen, so muß man zuerst erkennen, was man ist, und zwar *so, wie* man ist; nicht so, wie man glaubt, sein zu müssen, — sonst wäre es ein idealistischer Trugschluß. Will ich etwas über mich selber erfahren, dann muß ich mich genauso sehen, wie ich bin, und nicht so, wie ich sein möchte. Das «möchte» ist nichts als Illusion, die Flucht vor dem, was ich bin.

Wir müssen uns also als Einzelwesen und nicht als Gruppe darum bemühen zu entdecken, was jenseits intellektueller Theorien, sentimentaler Hoffnungen oder den Behauptungen organisierter Religionen liegt. Wir müssen herauszufinden und selber zu erleben suchen, ob eine Wirklichkeit besteht, ob es noch etwas anderes als die bloßen Projektionen unseres Geistes gibt, — denn diese bilden den Inhalt der meisten Religionen und mögen uns angenehm und gefällig erscheinen. Kann man das untersuchen und direkt erleben? Denn nur eine direkte Erfahrung hat Wert und nichts anderes. Kann ein Mensch, der sich ernsthaft darum bemüht, das Unermeßliche erforschen und erleben? Eine solche Erfahrung hat nämlich außerordentliche Bedeutung im Leben, wenn sie wahr und nicht bloß eine Illusion, eine vorübergehende Einbildung, Vision oder Fabel ist. Eine solche Erfahrung kann unserem Leben Gestalt geben und führt zu einer Moral, die nicht die der Gesellschaft ist.

Wäre es also denkbar, daß Sie, die Sie mir zuhören, ein derartiges Erlebnis haben? Hierauf mit ‚ja' oder ‚nein' antworten zu wollen, ist absurd. Wir können nichts anderes tun als untersuchen, ob unser Sinn *imstande ist,* etwas zu erleben, ohne seine eigenen Forderungen zu projizieren. Mit anderen Worten, kann ein Mensch sich völlig von seiner Bedingtheit befreien? Kann man aufhören, ein gläubiger Christ mit Glaubensbekenntnis und Idealen zu sein? Schließlich sind wir in unserer Tradition mit Glaubensbekenntnissen und Idealen groß geworden, und Gott ist der Gott unserer Tradition und Lehre. Das ist aber noch nicht Wirklichkeit, sondern nur die Wiederholung dessen, was wir gelernt haben. Um zu untersuchen, ob es eine Wirklichkeit gibt, muß man sich von der Tradition, in der man erzogen worden ist, befreien; und das ist außerordentlich schwer. Nur dann kann man über die bloßen Verstandesgrenzen hinausgehen und etwas Unermeßliches erleben. Wenn man es jedoch nicht erlebt, wird das Leben sehr leer, sehr einsam und verliert jede Bedeutung.

Wie soll man es also anfangen, wenn man es wirklich ernst damit meint? Denn ohne den Duft der Wirklichkeit ist unser Leben seicht, materialistisch und elend, voller Spannungen und Kämpfe, Schmerz und Leid. Ein ernsthafter Mensch muß sich also die Frage vorlegen: kann man je etwas vollkommen Neues erleben? Etwas, das kein Wunsch oder Denkbegriff ist und als solcher Befriedigung verleiht, sondern etwas, das ganz abseits von den Erfindungen unseres Geistes steht? Und wenn dies *möglich* ist, was kann man dazu tun? Wie kann man es herbeiführen?

Meiner Ansicht nach gibt es nur *einen* Zugang zu diesem Problem: sich selbst in seiner Gesamtheit des Bewußten und Unbewußten mit allen verschlungenen Wegen zu erkennen; ehe man dessen nicht voll gewahr ist, kann man unmöglich darüber hinausgehen. Kann ich mich selber aber erkennen? Ich meine damit nicht nur das Wissen um ein paar Reaktionen, um bewußte Wünsche und Begehren, sondern die Kenntnis meiner selbst als ein Ganzes — aller meiner Motive, Triebe, Zwangsvorstellungen, Aengste usw. Und kann mir jemand dabei helfen oder mich leiten? Muß ich nicht vielmehr alles selber tun? Denn wenn ich mich an einen anderen um Hilfe wende, werde ich von ihm abhängig, und der andere wird mir zur Autorität. Dann kann ich mich niemals erkennen, weil ich mich immer nur durch den anderen sehe. Das bloße Lesen psychologischer Bücher hat auch nur sehr wenig Bedeutung. Ich muß mich nämlich in meinem täglichen Leben so erkennen, wie ich bin, und mich im Spiegel meiner Beziehungen zu anderen beobachten. Darin kann ich etwas entdecken, in diesem Spiegel kann ich mich selber erblicken; das ist aber weder Selbst-Beschauung noch rein objektive Betrachtung und erfordert beständige Wachsamkeit und Beobachtung dessen, was in mir vorgeht.

Hierbei kann man erfahren, wie außerordentlich schwer es ist, sich selbst zu beobachten, solange man das, was man sieht, auch nur im geringsten verurteilt. Denn wenn ich das, was ich im Spiegel meiner Beziehung zu einem anderen sehe, verdamme, kann ich das Gesehene nicht begreifen. Will man etwas so sehen, wie es wirklich ist, so muß alles Bewerten, Urteilen oder Verdammen aufhören; und das ist außerordentlich schwer, denn heutzutage läuft alle unsere Erziehung und Schulung auf Billigung oder Abweisung, Verurteilung und Verleugnung hinaus.

Das ist indessen nur der Anfang, und zwar ein sehr oberflächlicher Anfang. Doch muß man da hindurchgehen und seinen gesamten Geistesvorgang kennen lernen, — nicht nur intellektuell oder dem Wortlaut nach, sondern im täglichen Leben, bei der Beobachtung in diesem Spiegel. Man muß tatsächlich erleben, was vor sich geht, und darf es nicht verleugnen, unterdrücken oder beiseitesetzen; man muß es untersuchen und sich des vollen Inhalts seiner Beobachtungen bewußt werden. Wenn man es wirklich ernst damit meint und so weit vorgedrungen ist, kann man erleben, daß der Verstand keine Vorstellungen oder Illusionen aus sich selbst mehr hervorbringt; denn dann hat er die Gesamtheit seines eigenen Wesens erfaßt und wird klar, einfach und ruhig.

Dieser Vorgang währt nicht nur einen Augenblick; er ist vielmehr etwas Dauerndes und Lebendiges, wie ein beständiges Schärfen des Geistes. Und während er sich abspielt, ist unser Geist schon nicht mehr so, wie er war. Er bringt keine Vorstellungen, Erscheinungen, Täuschungen und Illusionen mehr hervor. Und dann erst, wenn der Sinn vollkommen ruhig und still geworden ist, besteht die Möglichkeit, etwas zu erleben, was nicht aus ihm selber kommt. Es erfordert jedoch mehr als die Anstrengung eines Tages, mehr als rein zufällige Beobachtung oder das Anhören eines einzelnen Vortrages; es erfordert langsames Reifen, tiefgehendes Forschen und einen großen, weiten und vollkommen einheitlichen Ausblick. Dann wird der Mensch, den so viele Einflüsse und Forderungen treiben und so viele Aengste hemmen, erst frei zum Untersuchen und Erleben.

Nur ein solcher Mensch ist wahrhaft religiös — nicht aber jemand, der an Gott glaubt oder nicht glaubt. Ein Mensch, der zahllose Glaubenssätze hat, der sich anschließt, nachfolgt, zustimmt oder ableugnet, kann niemals erkennen, was wahr ist. Daher ist es für alle, die ernsthaft um die Wohlfahrt der Menschheit besorgt sind, von so hoher Bedeutung, ihre Zugehörigkeit zu bestimmten Organisationen und ihre besonderen Eitelkeiten beiseitezusetzen und tief in sich selber zu forschen.

Denn Religion ist im Grunde weder Dogma noch Glauben; religiös sein bedeutet nicht, in die Kirche zu gehen und bestimmte Bräuche zu befolgen. Das ist nicht Religion. Das ist nur eine Erfindung der Menschen, um andere zu beherrschen. Will man herausfinden, ob es eine Wirklichkeit jenseits unseres absurden und kindischen Denkens gibt, so muß man all dies ablegen, was für viele Menschen sehr schwer ist, weil sie Sicherheit und Hoffnung im Glauben finden. Will man also untersuchen, ob es eine Wirklichkeit gibt, und ob man etwas über seinen Verstand hinaus erleben kann, so muß man jede Form von Sicherheit aufgeben und sich von allem Streben nach Zuflucht entäußern.

Nur ein so geläuterter Mensch kann etwas erleben, was jenseits liegt.

Mir sind allerlei Fragen vorgelegt worden, und ich will versuchen, einige davon zu beantworten. Oder besser, wir wollen zusammen versuchen, die Probleme zu entwirren. Denn ein Problem hat nicht nur *eine* Antwort oder *eine* Lösung. Wenn wir auch glauben mögen, jedes Problem habe nur eine Lösung, werden wir doch feststellen müssen, daß das Suchen nach einer Lösung nur neue Probleme schafft. Können wir dagegen ein Problem an sich untersuchen, ohne direkt auf seine Lösung bedacht zu sein, dann werden wir entdecken, daß die Antwort *im* Problem selber enthalten ist. Daher ist es so wichtig, wie man an jedes Problem herangeht. Man muß jedem Problem, das man verstehen will, seine volle Aufmerksamkeit zuwenden, kann es jedoch nicht, solange man noch nach der Lösung oder Antwort sucht.

Frage: Wir sind voll von Erinnerungen an den letzten Krieg mit all seinen Schrecken. Können wir unseren Sinn je von der Vergangenheit befreien und neu anfangen?

KRISHNAMURTI: Das Problem ‚Vergangenheit' ist sehr verwickelt, nicht wahr? Wir sind voll von Erinnerungen, angenehmen und unangenehmen; die unangenehmen, schmerzlichen oder schrecklichen weisen wir ab und wollen alle angenehmen behalten. Das tun wir beständig, nicht wahr? Wir halten an den schönen Erinnerungen unserer Jugend fest, an allem, was wir gelesen und erlebt haben, was für uns Anregung und Bedeutung enthält; und alles Schmerzliche, Traurige, Unangenehme oder Aufregende verwerfen wir. So teilen wir unsere Erinnerungen in erfreuliche und unerfreuliche ein und sind hauptsächlich darauf bedacht, wie wir die unerfreulichen abweisen und beiseitewerfen und an den erfreulichen festhalten können. Doch solange wir unsere Erinnerungen so einteilen und die unangenehmen zu entfernen suchen, werden wir in Konflikt leben, — innerem wie äußerem.

Ich weiß nicht, ob ich mich deutlich genug ausdrücke. Unser Sinn ist voll von Erinnerungen, er besteht nur aus Gedächtnis. Es gibt keinen Verstand ohne seine Erinnerungen an die Vergangenheit, an alles, was er gelernt, erfahren, durchlebt und gelitten hat. Unser Sinn ist — bewußt oder unbewußt — Gedächtnis. Er hat erfreuliche und unerfreuliche Erinnerungen und will alle unangenehmen abweisen; daher ist ein beständiger Konflikt im Gange, um das Wünschenswerte zu behalten und das Unerwünschte zu beseitigen. Wir müssen aber zu verstehen suchen, wie wir unser Verlangen, bestimmte Erinnerungen zu behalten und andere abzulegen, ausschalten können; denn dadurch entsteht unser Konflikt. Es ist bedeutsamer, sich des Konflikts zwischen den verschiedenen Erinnerungen bewußt zu werden, als die Frage aufzuwerfen, wie man sich von bösen Erinnerungen befreien soll; außerdem wichtig zu erkennen, warum unser Sinn überhaupt Erinnerungen ansammelt und an ihnen festhält.

Selbstverständlich braucht man sein Gedächtnis zum Leben in dieser Welt; ich muß wissen, wie ich wieder nach Hause zurückfinde, und so weiter. Aber diese Art Gedächtnis bietet kein Problem für uns. Unsere Frage lautet: wie kann ich mich von schmerzlichen und zerstörenden Erinnerungen befreien und nur die für mich bedeutsamen, zweckerfüllenden und erfreulichen behalten? Warum klammert man sich aber an die eine Art und will die andere abweisen? Bitte folgen Sie mir jetzt: was geschähe, wenn man an seinen guten Erinnerungen nicht festhielte? Gesetzt den Fall, man hätte keinerlei angenehme, hoffnungsvolle und erfreuliche Erinnerungen an seine Erlebnisse, dann würde man sich nicht als Mensch fühlen, dann wäre man vollkommen verloren, — ein Nichts! Das ist der Grund, weshalb man sich an seine erfreulichen Erinnerungen klammert; ohne sie wäre man völlig einsam und verzweifelt.

Das Problem lautet also nicht: wie kann man sich von seinen unangenehmen Erinnerungen, von allen Schrecken der Vergangenheit befreien, — ich halte das für ziemlich einfach. Wenn man die Vergangenheit bewußt auslöschen will, kann man es verhältnismäßig leicht erreichen. Es ist jedoch viel schwieriger und erfordert mehr Nachdenken und Forschen, will man in den gesamten Gedächtnisvorgang eindringen, — nicht nur in die bewußten Schichten seines Gedächtnisses, sondern auch in die tiefen, die unser Leben beeinflussen.

Schließlich ist auch, abgesehen von den Kriegserinnerungen mit all ihrer Grausamkeit, tief in uns die Tatsache verankert, daß wir uns Deutsche, Christen oder Hindus und so weiter nennen; auch *das* ist Teil unseres Gedächtnisses. Es verleiht uns ein Gefühl der Zusammengehörigkeit und Kameradschaft, der Gleichheit und Ermutigung. Muß man nicht auch davon frei werden, um über die Reaktionen seines Gedächtnisses und sein Leben in der Vergangenheit hinaus vordringen und in Freiheit forschen zu können?

Sehen Sie, Erinnerungen bringen nichts Neues in unser Leben. Das Gedächtnis ist nichts als ewige Vergangenheit, und alles, was es hervorbringt, ist stets alt, niemals neu! Um etwas vollkommen Neues erleben zu können, muß unser Sinn außerordentlich ruhig werden; und unser Gedächtnis darf nicht mehr wünschen und reagieren, sondern muß sich still und untätig verhalten.

Frage: Wir haben genug vom Kriege. Wir wollen Frieden. Wie können wir einen neuen Krieg verhüten?

KRISHNAMURTI: Ich glaube, die Antwort hierauf ist nicht so einfach, denn ein Krieg hat vielerlei Ursachen. Solange es Nationalismus gibt, solange man Deutscher, Russe, Christ, Hindu oder Buddhist ist und an seiner eigenen, sich abschließenden Religion, Nationalität und Souveränität festhält, muß es Krieg geben. Solange man ehrgeizig ist, an der Spitze der Gesellschaft stehen will, Erfolg anbetet und nach ihm strebt, muß es zum Kriege kommen.

Wir werden ja so erzogen. Wir werden dazu erzogen, mit anderen in Wettbewerb zu treten, ehrgeizig und erfolgreich zu werden und uns dem Vaterlande, der Regierung oder einer Religion anzuschließen. Daher bildet unsere Erziehung uns ausschließlich zum Kriege aus. Und kann man es als Mensch, als Einzelwesen ändern? Wäre es denkbar, daß man als Individuum aufhört, ehrgeizig zu sein, aufhört, sich als Deutscher oder Christ zu fühlen? Oder besser, könnte man sich nicht ausschließlich um die Wohlfahrt der Menschheit kümmern, ohne einer besonderen Religion, einer Ideologie oder Gruppe — wie den Kommunisten oder Sozialisten — anzugehören?

Solange wir an eine bestimmte Gruppe oder Idee gebunden sind, solange wir ehrgeizig und erfolgshungrig sind, werden wir unfehlbar zum Kriege beitragen; wenn auch vielleicht nicht zu einem zerstörenden Kriege, so doch zum Konflikt unter uns, unter einander, was ebenfalls eine Art Krieg ist. Ich glaube nicht, daß wir das erkennen. Oder wir nehmen es nicht ernst genug. Wir suchen nach einem Wunder, wie man allen Kriegen ein Ende bereiten könne, wollen aber gleichzeitig in der heutigen Gesellschaftsform weiterleben und Geld, hohe Stellungen, Macht, Ansehen und Ruhm erwerben. Das ist unsere Schablone, und solange wir sie in unserem Sinn und Herzen tragen, werden wir notwendigerweise Kriege herbeiführen.

Schließlich ist der Krieg nichts anderes als die katastrophale Auswirkung unseres täglichen Lebens, und wir können keinen Krieg durch Gesetzgebung, Verordnungen oder Kontrollen verhüten, solange wir unser tägliches Leben nicht von Grund auf ändern. Wo ist also Frieden? In unserem Sinn, in unserer Lebensweise? Oder in Regierungsvorschriften, im Völkerbund und so weiter? Liegt Frieden im Herzen oder woanders? Ich fürchte, für die meisten Menschen herrscht Frieden nur infolge von Gesetzgebung und Regierung. Wir beschäftigen uns niemals mit dem Frieden in unserem Herzen und Sinn. Man kann aber unmöglich Frieden im Herzen tragen, wenn man sich als Deutscher, Hindu, Russe oder Engländer fühlt, wenn man ehrgeizig ist, wetteifert oder danach strebt, etwas in dieser tollen Welt zu bedeuten.

Friede kommt erst, wenn man all das versteht und sich nicht mehr bemüht, etwas in einer schon verdorbenen Gesellschaft zu erreichen. Nur ein friedvoller Mensch, der Verständnis erlangt hat, kann der Welt Frieden bringen.

2

Es ist, glaube ich, sehr wichtig, während man einem anderen zuhört, gleichzeitig zu prüfen, ob das, was man hört, auch wahr ist; und das kann geschehen, wenn man es unmittelbar zu erleben sucht. Es hat durchaus keinen Sinn, jemandem zuzuhören und später zu erörtern, ob das, was man gehört hat, richtig oder falsch sei. Sollte es nicht möglich sein, jemandem mit der Absicht zuzuhören, es selber herauszufinden? Vielleicht können wir heute einmal zusammen untersuchen, ob man an den sehr verwickelten Vorgang des Selbst-Vergessens herangehen kann.

Wir alle haben irgendwann einmal den Zustand erlebt, in dem unser Ich mit seinen streitlustigen Forderungen völlig verstummte und wir uns ohne jede Willensäußerung außerordentlich ruhig verhielten; — einen Zustand, bei dem man vielleicht etwas wirklich Außergewöhnliches, Unermeßliches erleben kann, das sich unmöglich in Worte fassen läßt. Sicherlich haben wir alle in seltenen Augenblicken so etwas erlebt, als unser Ich mit seinen Erinnerungen, Sorgen und Aengsten nicht mehr bestand. In diesem Zustand ist man ohne jeden Antrieb oder Zwang und bekommt oder erlebt ein erstaunliches Gefühl unermeßlicher Weite, ein Gefühl von Raum und Dasein.

Das muß vielen Menschen schon widerfahren sein. Und ich glaube, es wäre nützlich und wertvoll für uns, auf dieses Problem gemeinsam einzugehen und zu prüfen, ob es nicht möglich ist, unser stets begrenzendes, einschließendes und beschränkendes Ich aufzulösen, unser Ich, das sich in Sorgen und Aengsten verzehrt, das beherrscht und sich beherrschen läßt, das zahllose Erinnerungen und Tugenden hegt und auf jede Weise versucht, etwas zu werden und seine Wichtigkeit zu betonen. Ich weiß nicht, ob Sie je beachtet haben, wie man sich ständig bemüht, sich selbst zum Ausdruck zu bringen, etwas zu sein, wie zum Beispiel tugendhaft oder sittlich gut, gesellschaftlich oder wirtschaftlich prominent. All das bringt ein gut Teil Streben mit sich; und so ist unser ganzes Leben ein fortdauernder Kampf danach, etwas zu erreichen, zu erlangen oder etwas darzustellen. Und in dem Maße wie wir kämpfen, wird unser Ich mit seinem Ehrgeiz, seinen Begrenzungen, Aengsten und Hemmungen immer bedeutungsvoller und übertriebener. Es muß auch Zeiten gegeben haben, da man sich selber fragte, ob es nicht denkbar sei, ganz ohne sein Ich zu existieren.

Schließlich kennt man in seltenen Augenblicken das Empfinden ohne Ich. Ich spreche hier nicht von der Umwandlung des Ich auf höherer Ebene, sondern einfach von dem Aufhören, Verstummen des Ich mit seinen Aengsten und Sorgen, — von seiner Abwesenheit. Sobald man erkennt, daß dies eintreten kann, fängt man an, sein Ich absichtlich und bewußt beiseitezusetzen. Das versuchen nämlich alle organisierten Religionen; jeder Gläubige soll sich mit etwas Höherem identifizieren, sich darin verlieren und vielleicht diesen außergewöhnlichen Zustand erreichen oder verwirklichen. Ist man nicht religiös gesinnt, so identifiziert man sich mit dem Staate oder seinem Vaterlande und verliert sich darin, um sich selbst zu vergessen. Bei solchem Identifizieren hört man selber auf zu bestehen, und das Vaterland, das so viel größer als man selber ist, schließt den einzelnen in seine Größe mit ein. Oder aber man stürzt sich in soziale Tätigkeit, — wiederum in derselben Absicht, weil man fühlt, daß man vielleicht Glück und Segen, die über das rein Physische hinausgehen, erleben könnte, wenn man sich selbst vergißt, sein Ich verleugnet, aus dem Wege schafft und sich etwas Großem und Wesentlichem widmet. Schließlich, wenn man nichts von alledem tut, hofft man doch, durch Ausüben von Tugend, Disziplin, Zwang und beständige Uebungen den Gedanken an sich selbst ein Ende zu bereiten.

Das alles deutet aber darauf hin, daß man unentwegt Anstrengungen macht, etwas zu werden. Ich weiß nicht, ob Sie es je erwogen haben; aber hören Sie sich bitte alles an, ohne im Augenblick darüber nachzudenken, wie Sie es machen sollen. Lassen Sie uns gemeinsam den ganzen Vorgang untersuchen und sehen, ob man nicht sein Ichgefühl auslöschen und vernichten kann, — ohne angstvolle und beschränkende Disziplin, ohne gewaltige Anstrengung, seinen Ehrgeiz und seine Wünsche unterdrücken zu müssen, ohne den Kampf der Entsagung, um etwas Wirkliches dafür zu erreichen. Das halte ich für den eigentlichen Kernpunkt. Denn jede Anstrengung schließt doch einen Beweggrund ein, nicht wahr? Nehmen Sie zum Beispiel mein Streben, mich mit einem heiligen Brauch oder einer Ideologie zu identifizieren, weil mich das Denken an mich selber unglücklich macht. Ich sage, ich muß mich selber vergessen; ich habe das Gefühl, daß ich ruhiger und gelöster bin, wenn ich an etwas anderes denke, est ist, als ob ich dann alles anders sehe. Daher meine Anstrengung, mich selber zu vergessen; und hinter ihr steht mein Beweggrund, nämlich die Flucht vor mir selber, weil ich leide. Mein Bemühen hat also einen Antrieb, der wiederum Teil meines Selbst ist. Ein anderes Beispiel ist der fromm religiöse Mensch oder ein Mönch; sein Beweggrund treibt ihn zum Verzicht auf diese Welt, um etwas Besseres zu erreichen, und er identifiziert sich mit dem Höheren; das ist aber immer noch der Ichvorgang, nicht wahr? Selbst wenn er seinen Namen fallen läßt und nur noch eine Nummer in einem religiösen Orden ist, bleibt der Antrieb derselbe.

Ist es nun denkbar, sein Ich zu vergessen *ohne* jeden Beweggrund? Denn ich erkenne sehr wohl, daß alle Motive immer wieder den Keim des Ichgefühls in sich tragen, — des Ich, das sich aus so vielen Aengsten und Hemmungen, aus Ehrgeiz, Furcht vor dem Nicht-Sein und dem gewaltigen Trieb nach Sicherheit zusammensetzt. Kann man all das so leicht und mühelos ablegen? Das heißt aber, kann man in dieser Welt als Individuum leben, ohne sich mit *irgendetwas* zu identifizieren? Denn ich identifiziere mich ja mit Vaterland, Religion, Familie und Namen nur, weil ich sonst nichts bin. Ohne Stellung, Macht und Ansehen irgendwelcher Art fühle ich mich verloren; darum fange ich an, mich mit meinem Namen, meiner Familie und Religion zu identifizieren, ich trete Organisationen bei oder werde Mönch — wir alle kennen die verschiedenen Formen des Identifizierens.

Man muß hierüber nachdenken und sich den stillschweigenden Folgerungen zuwenden, die jeweils beim Identifizieren miteingeschlossen sind. Wenn Sie nun nicht nur meine Worte anhören, sondern zugleich auf die Andeutungen achten, die bei Ihrem eigenen Identifizieren mit anklingen, und wenn Sie es wirklich ernst damit meinen, können Sie entdecken, daß man sehr wohl in dieser Welt ohne den Alpdruck des Identifizierens und den Kampf um Erfolg leben kann. Dann, glaube ich, bekommt auch alles Lernen und Wissen eine ganz andere Bedeutung. Jetzt bedienen wir uns unseres Wissens nur zur besseren Identifizierung und zur Ausdehnung unseres Ich, — sei es in nationaler, religiöser oder sonstiger Hinsicht. Das Identifizieren mit unserem Wissen ist für uns nur eine andere Form des Ichbewußtseins, eine Fortsetzung unseres Kampfes, etwas zu werden, und bringt uns nichts als Elend und Schmerz.

Wenn wir also ganz einfach und direkt alles betrachten, was hierin miteingeschlossen liegt, wenn wir sehen, wie unser Verstand arbeitet und worauf unser Denken basiert ist, — nichts annehmen, sondern uns nur der Tätigkeit unseres Ich bewußt werden, — dann können wir die großen Schwierigkeiten und den enormen Widerspruch im Identifizieren bemerken. Schließlich identifiziere ich mich mit meinem Vaterlande, oder vielleicht auch mit einem Helden oder einem Heiligen, weil ich mich leer, einsam und elend fühle, und bekomme dadurch ein Gefühl des Wohlbehagens und der Macht. Wenn ich nun wirklich tief in diesen Prozeß eindringe, erkenne ich, daß die gesamte Bewegung meines Denkens in der einen oder anderen Form auf das Fortleben meines Ich eingestellt ist. Alle meine Handlungen, auch die nobelsten, beruhen im wesentlichen auf dem Verlangen oder Streben nach der Fortdauer meines Ich.

Im Augenblick, da ich dies durchschaue, sehe, daß es wahr ist, und es mit meinem ganzen Wesen empfinde, bekommt Religion eine andere Bedeutung. Dann ist Religion nicht mehr das Identifizieren meiner Person mit Gott, sondern vielmehr ein Zustand, in dem es nur noch Wirklichkeit ohne das Ich gibt. Das läßt sich aber nicht in Worte fassen oder einfach nachsprechen wie so manche Phrasen.

Daher erscheint es mir so ungeheuer wichtig, tief in sich selbst einzudringen, nichts blind anzunehmen, sondern nach Selbsterkenntnis zu streben; dann kann man keine Täuschungen und Illusionen mehr hervorbringen, noch sich selbst mit Fälschungen und Visionen betrügen. Nur so, glaube ich, besteht die Möglichkeit, dem einengenden Ich-Vorgang ein Ende zu bereiten, was man nie durch Zwang oder Disziplin erreichen kann; denn je mehr man sein Ich kontrolliert, desto stärker wird es. Wenn man anfängt, die Wege, Absichten, Motive und Richtungen seines Denkens wirklich zu *verstehen*, wenn man geduldig und tief genug auf alles eingeht und in keiner Weise voreingenommen ist, dann gelangt man in einen Zustand, in dem kein Identifizieren und daher keine Anstrengung, etwas zu werden, mehr stattfindet. *Das* ist Wirklichkeit, denn dort hört das Ich zu bestehen auf.

Die meisten Menschen haben eine Schwierigkeit: wenn sie einen derartigen Zustand einmal flüchtig, vorübergehend erfahren haben, klammern sie sich an das Erlebnis und wollen es wiederholen; aber gerade ein solcher Wunsch ist schon wieder Teil des Ichvorgangs. Deshalb ist es so wichtig für alle, die in diesen Dingen wirklich ernsthaft sind, sich ihres Denkens, aller ihrer Beweggründe und gefühlsmäßigen Reaktionen voll bewußt zu werden; nicht aber zu sagen: ‚ich kenne mich ganz genau', denn niemand kennt sich. Das Ich ist etwas sehr kompliziertes. Vielleicht kennt man seine Reaktionen und Motive auf der Bewußtseinsebene, an der Oberfläche; um aber in die Gesamtheit, in das volle Wesen des Ich einzudringen, muß man unentwegt, beharrlich und außerordentlich tief forschen, — und das ist eine Form von Meditation.

Aus diesem Grunde kann man die unermeßliche Wirklichkeit weder durch eine Organisation oder eine Kirche noch durch ein Buch, einen Menschen oder einen Lehrer finden. Man muß sie selber entdecken; und das bedeutet, daß man völlig allein und unbeeinflußt sein muß. Wir alle sind das Ergebnis so vieler Einflüsse und stehen unter großem Druck, — bewußt oder unbewußt. Darum ist es sehr bedeutsam, daß man jeden Einfluß und jeden Druck erkennt und sich von allem loslöst, so daß der Sinn sehr klar und einfach wird. Dann kann man vielleicht etwas erleben, was sich nicht in Worte fassen läßt.

Frage: Gestern haben Sie gesagt, Autorität sei vom Uebel. Warum?

KRISHNAMURTI: Ist nicht alles Nachfolgen vom Uebel? Warum folgen wir einer Autorität? Weshalb stellen wir Autoritäten auf? Warum nimmt der Mensch so leicht Autorität an, wie die der Regierung, der Religion und alle möglichen anderen?

Autorität entsteht nicht von selber, wir schaffen sie. Wir schaffen anmaßende, tyrannische Machthaber und herrschsüchtige Priester mit ihren Göttern, ihren heiligen Bräuchen und Glaubenssätzen. Wodurch werden wir zu Nachfolgern? Offenbar, weil wir Autoritäten aufstellen. Und warum schaffen wir Autorität? Weil wir alle nach Sicherheit und Macht streben, weil wir Ansehen und hohe Stellung suchen, die der Führer oder der Geistliche, das Vaterland oder die Regierung uns anbieten. Oder aber wir erschaffen ein Abbild der Autorität und folgen diesem. Die Kirche ist genauso herrschsüchtig wie politische Führer; trotzdem beugt man sich willig kirchlicher Autorität und lehnt die Tyrannei einer Regierung ab.

Untersuchen wir einmal den gesamten Vorgang des Folgens; meiner Ansicht nach können wir leicht erkennen, daß wir in erster Linie aus Verwirrung folgen: wir wollen von einem anderen hören, was wir tun sollen. Und weil wir selber verwirrt sind, können wir nicht umhin, anderen zu folgen, die ebenfalls verwirrt sind, wenn sie uns auch versichern, daß sie Abgesandte Gottes oder des Staates seien. Wir folgen also aus Verwirrung, wir wählen unsere Führer und unsere Religion wie alles andere aus Verwirrung, und so schaffen wir nur neues Elend, neue Konflikte und Kämpfe.

Aus diesem Grunde ist es so außerordentlich wichtig, daß wir unsere Verwirrung selber erkennen und nicht andere um Hilfe und Klarheit bitten. Denn wie kann ein verwirrter Mensch wissen, was falsch ist, und selber das Wahre und Rechte wählen? Zuerst muß er seine eigene Verworrenheit klären. Hat er sie aber geklärt, dann besteht keine Wahl und dann folgt er auch keinem anderen mehr.

Wir folgen also, weil wir nach wirtschaftlicher, sozialer oder religiöser Sicherheit streben; denn danach suchen wir überall, — in dieser Welt wie im Jenseits. So stellen wir selber alle möglichen Autoritäten auf; die Regierung, den Herrscher, die Kirche oder das Abbild. Solange wir nachfolgen wollen, stellen wir Autoritäten auf, und diese werden schließlich zum Uebel. Da wir uns all dem so vollkommen und gedankenlos überliefert haben, wollen wir nichts anderes mehr als uns sichern: in bezug auf Mammon wie auf Gott.

Ich glaube, es ist sehr wichtig, auf diese Frage einzugehen und zu erfassen, warum wir so großes Gewicht auf das Nachfolgen legen; und zwar nicht nur in bezug auf religiöse und politische Führer, sondern auch auf das, was man in Zeitungen, Büchern und Zeitschriften liest, in bezug auf alles Gedruckte und die Autorität der Spezialisten. Es deutet doch nur darauf hin, daß man unsicher ist und sich davor fürchtet, anders als die Führer zu denken, denn man könnte ja seine Stellung verlieren, in Bann getan, exkommuniziert oder in ein Lager gesteckt werden. So unterwirft man sich lieber, denn jeder Mensch hat den inneren Drang, das Verlangen nach Sicherheit. Solange wir jedoch nach Sicherheit streben — in unserm Besitz, unserer Macht und unserem Denken —, brauchen wir Autorität und müssen zu Nachfolgern werden; hierin liegt das Uebel. Und es führt zu nichts. Ein Mensch, der ernsthaft Gott oder die Wahrheit suchen will, darf weder die Autorität von Büchern und Regierungen, noch die der Priester und Religionen anerkennen; er muß vollkommen frei von allem sein.

Für die meisten Menschen ist das sehr schwer, denn es bedeutet, ganz allein und ohne jede Sicherheit dazustehen, zu suchen und zu tasten, sich niemals zufrieden zu geben, und nie nach Erfolg zu streben. Nur dann, wenn man nicht mehr nachfolgt und keinerlei Autorität mehr aufstellt, kann man selber herausfinden, daß etwas anderes am Werke ist, — etwas, das sich nicht mit Worten beschreiben läßt, wohl aber besteht. Denn ein Mensch, der keine Autorität anerkennt, der keiner Tradition, keinem Lehrer oder Buche folgt, wird sich selbst zur Leuchte.

Frage: Warum legen Sie so viel Nachdruck auf Selbsterkenntnis? Wir wissen sehr gut, was wir sind.

KRISHNAMURTI: Wissen wir wirklich so gut, was wir sind? Wir sind doch schließlich nichts anderes als das, was wir gelernt haben; wir sind die Summe unserer Vergangenheit, eine Masse, ein Bündel von Erinnerungen, nicht wahr? Wenn man sagt: ‚ich gehöre Gott' oder ‚das Ich ist unvergänglich, ewig', dann spricht daraus unsere Tradition, unsere Bedingtheit. Ein Kommunist sagt: ‚es gibt keinen Gott', und das ist Teil *seiner* Bedingtheit.

Es ist durchaus nicht leicht, tatsächlich zu *wissen,* — nicht nur die Worte nachzusprechen, sondern wirklich zu erkennen, — daß unser gesamtes Wesen nichts als ein Bündel von Erinnerungen ist, daß alles Denken und Reagieren mechanisch verläuft; kann man das erleben, dann wird man nicht mehr oberflächlich behaupten: «Ich kenne mich selber sehr gut». Es ist wirklich sehr schwierig, nicht nur auf der bewußten Ebene, sondern in der Tiefe alle unbewußten Rückstände, Rasseneindrücke, Erinnerungen und alles Gelernte aufzudecken, das gesamte sichtbare und verborgene Geistesgebiet zu erforschen und ins Bewußtsein zu bringen. Wenn aber mein Wesen und Denken nichts anderes ist als der Rückstand meiner Vergangenheit und Erziehung, meiner Erinnerungen, Lehren, Eindrücke und Einflüsse, gibt es dann überhaupt etwas in mir, das nicht dazu gehört? Denn solange ich nur eine mechanische Wiederholungsmaschine bin, — was die meisten Menschen sind —, nur wiederhole, was ich gelernt oder gesammelt habe und es weitergebe, muß jeder Gedanke, der auf einem derart bedingten Gebiet entsteht, offenbar zu neuer Bedingtheit, zu Beschränkung und Elend führen.

Das Problem lautet also: kann unser Geist in der Kenntnis seiner Grenzen und im Bewußtsein seiner Bedingtheit über sich selbst hinausgehen? Es wäre töricht, hier zu behaupten: er kann es, oder er kann es nicht. Sicherlich geht ziemlich deutlich daraus hervor, daß unser *gesamtes* Wesen bedingt ist. Wir alle sind durch Tradition, Familie, Erfahrung und Zeit bedingt. Wenn Sie sagen: ‚Ich glaube an Gott', ist es Ihre Bedingtheit; und wenn ein anderer behauptet: ‚Ich glaube nicht an Gott', so ist es die seine. Daher hat Glaube oder Unglaube sehr wenig Bedeutung. Wichtig ist es dagegen, das Denkgebiet zu erforschen und zu untersuchen, ob man nicht darüber hinausgehen kann.

Will man aber darüber hinausgelangen, so muß man sich selber erkennen mit all seinen Trieben, Motiven, Reaktionen und dem gewaltigen Druck dessen, was man von anderen gelernt hat; Träume, Zwangsvorstellungen, Hemmungen, verborgene und bewußte Triebe — alle muß man kennen. Erst dann, glaube ich, kann man erfahren, ob unser Sinn, der jetzt so mechanisch arbeitet, imstande ist, etwas vollkommen Neues, etwas von der Zeit Unbeflecktes zu entdecken.

Frage: Sie sagen, wahre Religion bestehe weder aus Glauben noch aus Dogma oder Zeremonien. Was ist dann wahre Religion?

KRISHNAMURTI: Wie wollen Sie es anfangen, das selber zu untersuchen? Meine Antwort hat bestimmt wenig Wert für Sie. Wie soll ein Mensch selber herausfinden, was wahre Religion ist? Wir alle wissen, wen wir ‚religiös' nennen, — einen Menschen, der Dogmen und Glaubenssätze hat, Zeremonien ausübt, Yoga-Uebungen macht, meditiert oder sich stark diszipliniert; Sie kennen wahrscheinlich die ganze Stufenleiter des sogenannt religiösen Zugangs. Ist das wirklich Religion? Und wenn ich nun herausfinden will, was wahre Religion ist, wie soll ich es anfangen?

Offenbar muß ich zuerst einmal von allem frei sein, nicht wahr? Frei von allen Dogmen, — und das ist außerordentlich schwer. Denn gesetzt den Fall, ich bin schon frei von Dogmen, die mir in meiner Kindheit auferlegt worden sind, so kann ich mir vielleicht meine eigenen Glaubenssätze geschaffen haben, was genauso verderblich ist. Ich muß von *allem* frei sein, kann es aber nur werden, wenn ich keinerlei Verlangen nach Sicherheit in Gott oder in der Welt mehr habe. Das ist ebenfalls außerordentlich schwer, denn unser Sinn sucht in der Tiefe heimlich und verstohlen stets nach Sicherheit. Ich muß auch frei sein von allen Vorstellungen, die auf meinem Denken wie eine Bürde lasten: dem Erlöser oder Lehrer, den Vorschriften, Aberglauben und Heiligenbildern, die Sinn oder Hand erzeugt haben. Dann erst kann ich herausfinden, was es heißt, wahrhaft religiös zu sein, und das ist, wie ich glaube, eine ganz große Umwälzung. Die einzig wahre Revolution ist nicht die wirtschaftliche oder kommunistische, sondern die wirklich religiöse, — die Wandlung, die uns nicht mehr bei Dogmen und Glaubenssätzen, in keiner Kirche und bei keinem Lehrer, Buch oder Erlöser Zuflucht suchen läßt. Eine solche Revolution in unserem Denken ist die wahrhaft religiöse.

Und ich glaube, eine derartige Wandlung hat ungeheure Bedeutung für die Welt, denn dann hält man nicht mehr an Ideologien fest und gehört weder zum Westen noch zum Osten. Die religiöse Revolution ist zweifellos die einzige Rettung.

Will man sie aber wirklich finden, so darf man sich nicht nur einen Tag lang anstrengen und suchen, um es am nächsten wieder zu vergessen, sondern muß unaufhörlich forschen, bis zur Beunruhigung und bis man beginnt, alles über Bord zu werfen. Der Vorgang des Abwerfens ist nämlich die höchste Form des Denkens, während das Streben nach positivem Denken eigentlich nichts anderes als ein Nachahmen ist. Der negative Zugang, das Forschen ohne Beweggrund, ohne Verlangen nach Ergebnis, das bloße gedankliche Folgen und Abwerfen ist die höchste Form des Entdeckens.

Bei solchem Forschen geht man über alle traditionelle Religion hinaus, und dann kann man vielleicht selber herausfinden, was Gott oder Wahrheit ist.

3

Ich bin überzeugt, daß wir Sinn und Bedeutung der Individualität nicht voll erfassen. Denn, wie ich neulich schon sagte, darf man, wenn man eine grundlegende religiöse Umwandlung herbeiführen will, nicht in universellen oder kollektiven Begriffen denken. Etwas, das zum Allgemeingut erhoben wird, das allen Menschen zu eigen gemacht wird, kann niemals wahr sein, — wahr im Hinblick auf eine direkte, unbeeinflußte, nicht selbstsüchtige Erfahrung des Einzelnen. Ich fürchte, wir erkennen nicht ernsthaft genug, daß alles wirklich Wahre ganz individuell erlebt werden muß; individuell, nicht in der Bedeutung selbstsüchtigen Interesses, das begrenzt und tatsächlich vom Uebel ist, sondern in dem Sinne, daß jeder Mensch selber und unbeeinflußt etwas erleben muß, was keinem selbstsüchtigen Drange entspringt.

In der heutigen Welt läßt sich beobachten, wie alles zum kollektiven Denken neigt: alle Menschen denken gleich. Staat und Regierung arbeiten im stillen unermüdlich daraufhin, obgleich sie äußerlich keinen Zwang ausüben. Organisierte Religionen kontrollieren und formen unser Denken nach ihrem Schema und hoffen, universelle Erfahrungen und universelle Moral dadurch einzuführen. Ich glaube aber, daß ein Allgemeingut niemals wahr sein kann; es ist immer verdächtig und hat seine Lebendigkeit, seine Direktheit und Wahrheit eingebüßt. Da man die Neigung zur Formung und Beherrschung des menschlichen Denkens in der ganzen Welt wahrnehmen kann, wird es außerordentlich schwer, sich von der universellen Denkungsart frei zu machen und sich grundlegend zu ändern, ohne dabei selbstsüchtig zu werden.

Meiner Ansicht nach müssen wir eine radikale Wandlung in unserem Denken und Fühlen erfahren. Will man eine Veränderung herbeiführen, so geht man im allgemeinen so vor, daß man Ideale oder soziale, wirtschaftliche und wissenschaftliche Gesetze zu Hilfe nimmt. Diese können zwar oberflächliche Veränderungen bewirken, aber davon spreche ich hier nicht. Ich spreche von einer unbeeinflußten Wandlung ohne jedes selbstsüchtige Interesse, und ich glaube fest, daß sie nicht nur möglich, sondern notwendig ist, wenn wir die religiöse Revolution, von der ich gesprochen habe, herbeiführen wollen.

Können Ideale dem Menschen helfen, sich zu ändern? Oder sind sie eher Hindernisse für grundlegenden Wandel? Wir glauben, Ideale seien notwendig; helfen sie uns wirklich, uns zu ändern, oder hindern sie uns nur, weil sie Aufschub bedeuten, weil sie unsere Umwandlung in die Zukunft projizieren und bewirken, daß wir jede unmittelbare, radikale Veränderung aufgeben? Ich weiß, daß die meisten Menschen den Idealen sehr hohe Bedeutung beimessen; ohne sie würden wir stillstehen, verrotten und hätten keinen Antrieb, uns zu ändern. Ich möchte aber durchaus in Frage stellen, daß Ideale unser Denken tatsächlich umwandeln können.

Wozu brauchen wir Ideale? Wozu brauche ich zum Beispiel das Ideal der Gewaltlosigkeit, wenn ich gewalttätig bin? Ich weiß nicht, ob Sie je darüber nachgedacht haben. Welchen Zweck hat das Ideal der Gewaltlosigkeit für mich, wenn ich gewalttätig bin, — und die meisten Menschen sind es in verschiedenem Grade. Soll das Streben nach Gewaltlosigkeit uns von Gewalt befreien? Ist das Streben nach Gewaltlosigkeit nicht eher ein Hindernis für das Verständnis von Gewalt? Am Ende kann ich das Wesen der Gewalttätigkeit nur verstehen, wenn ich dem Problem meine ungeteilte Aufmerksamkeit zuwende. Welche Bedeutung hat aber Gewaltlosigkeit, wenn mein Denken sich völlig in das Problem ‚Gewalt' vertieft hat, um es ganz zu verstehen? Ich glaube, daß das Streben nach Gewaltlosigkeit nur Ausweichen und Aufschieben bedeutet, wenn man gewalttätig ist. Will ich das Problem ‚Gewalt' verstehen, so muß ich mein ganzes Denken darauf richten und mich nicht durch das Ideal der Gewaltlosigkeit ablenken lassen.

Wir erkennen also, wie wichtig das Aufgeben von Gewalt ist. Wie kann ich mich aber als Individuum nicht nur an der Oberfläche, sondern innerlich vollkommen von Gewalt befreien? Kann mir die Analyse der Struktur helfen, Gewalt aufzugeben? Und wenn ich die Ursachen der Gewalttätigkeit analysiere, auf sie eingehe, sie untersuche und ihnen meine ungeteilte Aufmerksamkeit schenke, — kann ich damit Gewalt beseitigen? Oder wird mein Ideal mich von Gewalt befreien?

Das ist schließlich eins unserer Hauptprobleme, nicht wahr? Die ganze Welt ist in Gewalttätigkeit, in Kriege verwickelt; das gesamte Gefüge unserer erwerbssüchtigen Gesellschaft ist seinem Wesen nach gewaltsam. Wie aber soll man es anfangen, sich als Einzelwesen nicht nur oberflächlich dem Worte nach, sondern tief im Innern von Gewalttätigkeit frei zu machen, ohne dabei selbstsüchtig zu werden? Das Problem ist deutlich, nicht wahr? Da ich mich von Gewalttätigkeit befreien will, folge ich allerlei Vorschriften, um sie zu beherrschen und umzuwandeln, was zweifellos zu egozentrischem Denken und Handeln führt. Indem ich mich nämlich unentwegt damit beschäftige, ist mein Sinn ganz darauf konzentriert und daher auf sich selber eingestellt. Trotzdem erkenne ich, wie bedeutsam es ist, vollkommen frei von Gewalt zu werden. Was soll ich also tun? Das Problem lautet nicht: wie kann ich gewaltlos werden? Denn die Tatsache besteht, ich *bin* gewaltsam. Es scheint mir völlig nutzlos zu fragen: wie kann ich gewaltlos werden; denn das ist reiner Idealismus. Bin ich jedoch imstande, der Gewalttätigkeit ins Auge zu blicken und sie ganz zu verstehen, dann werde ich sie vielleicht auch auflösen können.

Wie soll man nun Gewalttätigkeit auflösen, ohne egozentrisch zu werden, ohne sich nur noch mit sich selber und seinen Problemen zu beschäftigen? Ich weiß nicht, ob Sie je darüber nachgedacht haben; ich glaube, die meisten Menschen schlagen oberflächlicherweise den leichten Weg ein, nämlich dem Ideal der Gewaltlosigkeit nachzustreben. Ist man aber wirklich innerlich tief daran interessiert, Gewalttätigkeit aufzulösen, so muß man sicherlich untersuchen, ob Ideale eine Bedeutung haben, und ob Disziplin, Uebung und ständige Ermahnungen, keine Gewalt anzuwenden, die Gewalttätigkeit aufsaugen werden oder nur die Selbstsucht dadurch bestärken, daß man ihr einen neuen Namen gibt: Gewaltlosigkeit. Das Ideal und die dazugehörige Disziplin sind immer noch egozentrisch und daher nur Abarten der Gewalt.

Wenn das Problem soweit deutlich ist, können wir mit der Untersuchung fortfahren, wie man sich von Gewalttätigkeit befreien soll, ohne egozentrisch zu werden. Es ist tatsächlich von hoher Bedeutung, und ich glaube, es wäre der Mühe wert, sehr vorsichtig und zögernd darauf einzugehen, um wirklich etwas zu entdecken. Ich erkenne, daß alle Formen von Disziplin oder Unterdrückung und alle meine Bemühungen, Gewalttätigkeit durch ein Ideal oder eine Idee zu ersetzen — selbst durch die Idee des Friedens oder der Liebe — noch im wesentlichen egozentrische Vorgänge sind und daher den Keim der Gewalt in sich tragen. Ein Mensch, der sich in Gewaltlosigkeit übt, ist im Grunde egozentrisch und daher gewaltsam, denn er ist noch mit sich selber beschäftigt. Jemand, der sich in Demut übt, kann nie demütig werden, denn er will Demut auf dem Wege über das Selbst-Bewußtsein erreichen, und das ist nur eine andere Form von Selbstsucht. Alles Züchten von Tugend ist eine Art egozentrischen Handelns, daher seinem Wesen nach böse und gewaltsam. Wenn ich all das deutlich erkenne, was soll ich dann tun? Wie soll ich es anfangen, mich von Gewalt zu befreien? Wenn ich sehe, daß jede Art von Unterdrückung, Idealisierung oder Disziplin nichts anderes als egozentrisches Handeln ist, was soll ich als Individuum dann mit einem solchen Problem beginnen? Wie werde ich frei von Gewalt?

Ich weiß nicht, ob Sie je das Problem auf diese Weise betrachtet haben. Es ist vielleicht das erste Mal, und Sie sind versucht, es mit den Worten «was für ein Unsinn» abzuweisen. Ich halte es aber nicht für Unsinn. Schließlich sind die meisten Idealisten sehr egozentrische Menschen, denn sie gehen völlig im Erreichen ihrer Idee auf. Die Frage ist also die: kann man sich von Gewalt befreien ohne egozentrisches Handeln oder selbstsüchtige Einflüsse? Ich glaube, es ist wohl möglich. Will man es tatsächlich herausfinden, so darf man es aber nicht kollektiv oder als Gruppe untersuchen, sondern nur als Individuum. Kollektiv hat man von je her Ideale aufgestellt und sich in Tugenden geübt, doch muß man sich nun vollkommen hiervon loslösen und auf ganz andere Weise vorgehen.

Man muß sich einmal fragen, ob die Wesenheit oder Person, die frei von Gewalt werden möchte, sich von dieser Gewalt unterscheidet. Wenn man zugibt: ‚ich bin gewalttätig', ist dann das ‚Ich', das sich von Gewalt befreien will, etwas anderes als die Eigenschaft, die es Gewalt nennt? Das klingt vielleicht kompliziert, doch mit Geduld werden wir es ohne allzu große Schwierigkeit verstehen. Wenn ich sage, ich bin gewalttätig, und möchte mich auch von Gewalt befreien, ist dann die Wesenheit, die gewalttätig ist, verschieden von ihrer Eigenschaft, die sie Gewalt nennt? Mit andern Worten, ist jemand, der Gewalttätigkeit erlebt, etwas anderes als sein Erlebnis? Wer eine Erfahrung hat, ist nichts anderes als seine Erfahrung. Ich glaube, es ist höchst bedeutsam, das zu verstehen; denn wenn man es voll erfaßt, wird man keine egozentrischen Handlungen mehr ausführen, während man sich von Gewalt zu befreien sucht.

Wir haben den Denker von seinem Denken abgetrennt, nicht wahr? Wir sagen: ‚ich bin ärgerlich, ich bin gewalttätig, und ich muß mich bemühen, frei von Gewalt zu werden.' Um das zu erreichen, muß ich mich üben, mich kontrollieren, unaufhörlich darauf achten und etwas dagegen tun; mit anderen Worten, man hat das Gefühl, als ob das ‚Ich', das sich bemüht, etwas anderes sei als die Erfahrung oder die Eigenschaft. Wir halten es für ausgemacht, daß es so ist; aber ist es wirklich so? Gibt es zwei verschiedene Zustände oder nur einen — nämlich die Einheit? Offenbar besteht kein Denker ohne sein Denken. Doch das ‚Ich', der Denker, der Anstrengungen macht, wendet seine Willenskraft an, um sich von Gewalt zu befreien; dadurch hat er sich von seiner Eigenschaft, die er Gewalt nennt, abgelöst. Die beiden sind aber nie getrennt, nicht wahr? Sie bilden eine Einheit. Will man sich nun von Gewalt befreien, ohne in egozentrisches Handeln zu verfallen, so muß man notwendigerweise den Zustand der Einheit tatsächlich erleben, — das heißt, man darf keinen Unterschied mehr zwischen dem Denker, der sich anstrengt, und seinem Denken, seiner Gewalttätigkeit machen.

Wenn Sie hierüber nachdenken, werden Sie zweifellos erfassen, was ich erklären möchte. Man kann nämlich die Eigenschaften des Diamanten nicht vom Diamanten selber trennen; ebensowenig kann man die Eigenschaft des Denkens vom Denker absondern. Wir haben es jedoch *getan.* In unserm Innern steht ein ständiger Beobachter oder Wächter, der verurteilt oder rechtfertigt, annimmt oder ablehnt, — er ist unser Zensor; und der Zensor macht unentwegt seinen Einfluß auf unser Denken geltend. Aber diese beiden, der Zensor und sein Denken, sind nicht zu trennen: das Denken *ist* der Zensor. Das muß in seiner vollen Bedeutung erlebt werden, ehe man eine grundlegende, revolutionierende Umwandlung ohne egozentrisches Handeln bei sich herbeiführen kann.

Schließlich ist es unbedingt notwendig, daß wir uns ändern. Wir sind durch so viele Kriege gegangen, haben Furcht, Zerstörung, Gewalt und Tod erlebt. Wenn wir uns nicht von Grund auf ändern, bleiben wir stets auf demselben Pfade von Elend und Kampf, Krieg und Schrecken.

Wollen wir uns aber von innen her wandeln, wollen wir die radikale Revolution, die eintreten muß, um allem Elend ein Ende zu setzen, wirklich verstehen, so dürfen wir weder neue Schlagworte annehmen, noch uns dem Staat oder der Kirche ausliefern, sondern müssen, so scheint es mir, notwendigerweise untersuchen, ob es ein Handeln gibt, das nicht egozentrisch eingestellt ist. Unsere Handlungen werden aber solange selbstsüchtig bleiben, als wir nicht selber direkt erfahren und einsehen, daß es keinen Denker, sondern nur unser Denken gibt.

Wenn wir das tatsächlich einmal erleben, werden wir meiner Ansicht nach auch finden, daß Anstrengung eine wesentlich andere Bedeutung bekommt. Jetzt machen wir Anstrengungen, um ein Ergebnis zu erlangen, um etwas zu werden oder zu erreichen, nicht wahr? Bin ich ärgerlich, ehrgeizig oder brutal, so bemühe ich mich, es nicht mehr zu sein. Doch mein Bemühen ist selbstsüchtig, weil ich immer noch — wenn auch auf negativem Wege — etwas werden möchte, weil ich noch den Wunsch oder Ehrgeiz nach etwas habe; und das schließt Gewaltsamkeit ein. Wenn ich mich also von Grund auf und ohne egozentrischen Antrieb ändern soll, muß ich wirklich tief in das Problem der Umwandlung eindringen. Das heißt, ich muß vollkommen anders denken, abseits vom Kollektiven, vom Ideal, von den üblichen Gewohnheiten wie Disziplin, Uebung und so weiter. Ich muß untersuchen, wer der Denker und was das Denken ist; und ob der Denker überhaupt etwas anderes als sein Denken ist. Obgleich unser Denken den Denker abseits stellt, ist er immer noch Teil des Denkens. Und solange das Denken gewalttätig ist, hat eine bloße Kontrolle des Denkers über sein Denken keinen Wert. Das Problem lautet also: kann sich unser Sinn dessen bewußt werden, daß er gewalttätig ist, ohne den Denker, der sich von Gewalttätigkeit befreien will, abzusondern?

Es ist tatsächlich kein sehr verwickeltes Problem. Wenn wir — Sie und ich — es miteinander besprechen wollen und sehr vorsichtig darauf eingehen, werden wir sehen, wie einfach es ist. Vielleicht entschlüpft es uns, weil wir es für kompliziert halten. Das ist es nicht. Sehen Sie, es gibt keine Erfahrung ohne den Erfahrenden; und der Erfahrende *ist* seine Erfahrung, — diese beiden lassen sich nicht trennen. Solange aber der Erfahrende nach mehr Erfahrung verlangt, solange er etwas in etwas anderes verwandeln möchte, will er die Tatsache, daß er und seine Erfahrung eins sind, nicht anerkennen.

Die grundlegende Umwandlung also, die wir alle so nötig haben, ist nur denkbar ohne Ideale. Ideale sind nichts als Verbesserungen; und wer sich nur verbessert, kann sich niemals radikal umwandeln. Eine wesentliche Veränderung kann nicht eintreten, wenn man sich diszipliniert oder einem Schema anpaßt, — ganz gleich, ob es von einem Lehrer, von der Gesellschaft oder aus unserem eigenen Denken stammt. Eine radikale, grundlegende Veränderung kommt nicht, solange man sein Handeln noch auf Einflüsse und selbstsüchtige Interessen basiert. Das bloße Züchten von Tugend ist nicht Tugend.

Dies ist wahr; deshalb müssen wir uns dem Problem der Umwandlung von einem ganz anderen Punkte nähern. Ungeteiltes, vollständiges Verständnis entsteht erst, wenn es keine Trennung zwischen dem Denker und seinem Denken mehr gibt. Und das ist ein außergewöhnliches Erlebnis, zu dem man nur bei tiefem Nachdenken und aufmerksamem Forschen gelangt; ein bloßes Annehmen oder Ablehnen der Tatsache, daß Denker und Denken eins sind, hat keinen Wert. Daher muß jeder Mensch, der sich von Grund auf ändern will, außerordentlich ernsthaft und tief auf das Problem eingehen.

Frage: Verbrechen unter der Jugend verbreiten sich überall. Was können wir dagegen tun?

KRISHNAMURTI: Sehen Sie, es ist entweder die Frage einer bloßen Revolution innerhalb unserer Gesellschaft oder einer vollständigen Umwandlung außerhalb ihrer. Die völlige Wandlung außerhalb der Gesellschaft nenne ich religiöse Revolution; jede andere Revolution nicht religiöser Art findet innerhalb unserer Gesellschaft statt. Ich glaube, daß überall in der Welt nur Revolutionen *in* der Gesellschaft und nicht außerhalb ihrer vorkommen.

Verbrechen und Aufruhr werden bestehen bleiben, solange alle Erziehung nur darauf gerichtet ist, unsere Jugend für die Gesellschaft tauglich zu machen, — nämlich Stellungen zu bekleiden, Geld zu verdienen, mehr zu erwerben und sich anzupassen. Nirgends hat die Gesellschaft etwas anderes im Sinn, als die Menschen religiös, moralisch und wirtschaftlich in Uebereinstimmung zu bringen. Daher ist aller Aufruhr innerhalb der Gesellschaft ohne Bedeutung, es sei denn, daß er unterdrückt, kontrolliert oder umgewandelt werden muß. Aufruhr dieser Art liegt immer noch im Rahmen oder in den Grenzen der Gesellschaft und ist keineswegs schöpferisch. Durch rechte Erziehung könnte man vielleicht ein besseres Verständnis herbeiführen. Durch rechte Erziehung könnte man den Menschen helfen, sich von ihrer Bedingtheit zu befreien, indem man ihnen die Tatsache zum Bewußtsein bringt, daß die heutige Erziehung nichts anderes bezweckt als Anpassung, Formung, Beeinflussung und damit Einengung des Verstandes.

Könnte man sich nicht eine Erziehung vorstellen, die dem Menschen alle religiösen, wirtschaftlichen und sozialen Einflüsse seiner heutigen Umgebung zum Bewußtsein bringt? Wäre es nicht denkbar, all das wahrzunehmen, ohne sich darin zu verfangen? Denn ich glaube, erst dann können wir ein ganz neues und anderes Verständnis für dieses Problem entwickeln.

Frage: Wenn wir uns ändern und friedlich werden, aber andere Menschen sich nicht ändern, sondern streitlustig und brutal bleiben, fordern wir sie dann nicht zum Angriff auf uns als hilflose Opfer heraus?

KRISHNAMURTI: Stellen Sie die Frage wirklich in allem Ernst? Haben Sie je versucht, sich zu ändern, tatsächlich friedlich zu sein und zu beobachten, was dann geschieht? Während wir alles andere als friedfertig sind, sagen wir: ‚*wenn* ich friedlich bin, kann mich ein anderer angreifen', und setzen damit den ganzen Mechanismus von Angriff und Verteidigung ins Werk.

Wir wollen uns hier aber mit der Umwandlung des Menschen, unabhängig von dem, was ihm angetan wird, beschäftigen. Wir wollen hier nicht in Begriffen wie Nation, Gruppe oder Rasse denken. Solange unsere Gesellschaft so bleibt, wie sie heute ist, muß es immer weiter Angriff und Verteidigung geben; denn unser ganzes Denken ist darauf eingestellt. Nehmen Sie die Deutschen und die Russen. Sie fürchten sich vor den Russen, müssen sich vor ihnen schützen; daher wagen Sie nicht, friedfertig zu sein. So setzen wir das Spiel in Gang und leben nach dessen Schema. Aber hier sprechen wir nicht von der Gesellschaft, von Gruppen, Nationalitäten, von Deutschen und Russen. Wir sprechen hier als Menschen, als Individuen. Eine große Tat wird nie von der Masse, kollektiv, sondern stets von einem Einzelnen vollbracht.

Wie wir wissen, setzt sich die Masse aus vielen Individuen zusammen; und die Masse läßt sich mit Schlagworten, mit Nationalismus oder Furcht einfangen. Aber wenn Sie und ich einzeln über das Problem des Friedens nachdenken, kümmert es uns nicht mehr, ob ein anderer friedliebend ist oder nicht. Denn Liebe ist bestimmt etwas ganz anderes, nicht wahr? Bei der Liebe geht es nicht darum: ‚Du liebst mich und deshalb liebe ich dich'. Wenn wirkliche Liebe herrscht, gibt es kein Problem ‚des anderen'. Ebenso kommt es, wenn ich weiß, was Frieden ist, nicht zu der Frage, ob mich jemand angreifen wird oder nicht. Es kann geschehen, — aber mein Interesse liegt bei dem Verständnis für Frieden und ist darauf gerichtet, alle Gewalttätigkeit aus meinem Wesen zu entfernen. Und das erfordert außerordentliches Nachdenken und tiefe Meditation.

Frage: Sie haben gesagt, unser Sinn müsse ruhig sein; er ist aber tatsächlich Tag und Nacht beschäftigt. Wie kann ich das ändern?

KRISHNAMURTI: Sind wir uns wirklich dessen bewußt,

daß unser Sinn Tag und Nacht beschäftigt ist? Oder stellen wir nur die Behauptung auf? Nehmen Sie selber die Tatsache wahr, daß Ihr Verstand Tag und Nacht arbeitet, oder wiederholen Sie eine Behauptung, die Sie gehört haben? *Wissen* Sie es tatsächlich? Denn es ist sehr bedeutsam, ob Sie nur etwas Gehörtes wiederholen oder etwas selbst Erlebtes zum Ausdruck bringen.

Gesetzt den Fall, Sie wissen, daß Ihr Sinn Tag und Nacht beschäftigt ist, — was dann? Warum wollen Sie das ändern? Weil jemand gesagt hat, Ihr Sinn müsse ruhig sein? Oder erkennen Sie selber die hohe Bedeutung eines ruhigen Geistes? Sehen Sie wirklich ein, wie wesentlich es ist?, — aber nicht um mehr zu erwerben oder weiter zu gelangen, denn dann wäre das Erwerben wiederum nur selbstsüchtiges Handeln.

Wenn Sie es also begreifen, dann taucht die Frage auf: kann das Denken zu Ende gehen? Wir wissen, daß unser Verstand sich den ganzen Tag lang mit oberflächlichen Dingen beschäftigt, — mit dem Zug, den man nicht versäumen darf, mit seiner Arbeit, mit der Familie und so weiter; und nachts im Schlaf ist er von Träumen erfüllt. So geht der Denkvorgang unablässig weiter. Kann nun unser Denken je freiwillig, ohne Zwang oder Kontrolle, auf natürliche Weise zum Stillstand kommen? Denn nur dann ist unser Sinn vollkommen ruhig. Wird er ruhig gemacht oder zum Stillsein gezwungen, dann ist er nicht ruhig, sondern tot.

Wie kann also unser Sinn, unser Denken, das so unaufhörlich geschäftig ist, zum Stillstand kommen? Und wenn unser Denken aufhört, bedeutet das nicht ein Absterben des Geistes? Fürchten wir uns nicht vor dem Ende unseres Denkens? Denn wenn es tatsächlich aufhört, was geschieht dann? Dann fällt offenbar das gesamte Gefüge ein, das ich errichtet habe, das so bedeutsame ‚Ich': meine Familie, mein Vaterland, meine Stellung, mein Ansehen, meine Macht. Verlangt es uns also wirklich nach einem ruhigen Sinn?

Wenn ja, dann müssen wir anfangen, unseren gesamten Denkvorgang zu untersuchen, um herauszufinden, was Denken eigentlich ist. Ist es nur die Reaktion unseres Gedächtnisses oder noch etwas anderes? Wenn aber das Denken nichts als Reaktion unseres Gedächtnisses ist, kann es dann alle Erinnerungen beiseitesetzen? Ist das möglich? Das heißt, kann es aufhören, sich zu bemühen, die erfreulichen Erinnerungen festzuhalten und die unerfreulichen abzuwerfen?

Vielleicht erscheint all das etwas zu schwierig und kompliziert; doch wenn man darauf eingeht, ist es nicht so. Ein ruhiger Sinn ist wirklich etwas ganz Außergewöhnliches; er hat nicht die Stille der Verneinung, sondern ist im Gegenteil aufs höchste gespannt. Soll dieser Geisteszustand eintreten, so muß man in das gesamte Problem des Denkens eindringen. Für die meisten Menschen ist Denken nichts als das Reagieren auf Erinnerungen; und da unsere ganze Erziehung auf dem Fortbestehen unseres Gedächtnisses, das wir mit dem ‚Ich' identifizieren, beruht, bringen wir damit den Stein unseres Denkens ins Rollen.

Es ist also unmöglich, einen ruhigen Sinn zu erlangen, ehe man nicht die Gesamtstruktur des Denkers und seines Denkens verstanden hat. Gibt es einen Denker ohne sein Denken, das auf Gedächtnis beruht? Will man dies untersuchen, so muß man jedem einzelnen Gedanken nachgehen, ihn verfolgen und erforschen, — und zwar nicht nur oberflächlich oder gelegentlich, sondern sehr beharrlich, langsam und zögernd, ohne irgendeinen dazwischentretenden Gedanken abzuweisen, zu verurteilen oder zu rechtfertigen. Nur so kann man herausfinden, ob der Denker, der Beobachter oder Zensor von seinem Denken verschieden ist.

Die Trennung von Denker und seinem Denken schafft Konflikt. Und die meisten Menschen sind in Konflikte verstrickt; wenn sie es auch äußerlich nicht immer zur Schau tragen, sind sie doch innerlich oft in hellem Aufruhr mit ihrem Wollen und Nicht-Wollen, ihrem Ehrgeiz, Neid, Aerger und ihrer Gewaltsamkeit. Man muß also das alles tief verstehen, wenn man wirklich ruhig und still werden will.

4

Um einen anderen Menschen verstehen zu können, muß man ihm seine volle Aufmerksamkeit zuwenden, — nicht erzwungen oder mit gewaltiger Konzentration, sondern so, wie es bei natürlichem Interesse von selber geschieht. Schließlich gibt es zahllose Probleme in unserem Leben: unsere Beziehung zur Gesellschaft; Krieg, Geschlecht, Tod; ob es einen Gott gibt oder nicht; warum man unablässig kämpft, und was das Leben bedeutet. Solche Probleme haben wir alle. Ich glaube aber, wir würden sie besser verstehen, wenn wir uns nicht so sehr an bestimmte, einzelne Probleme klammerten, — die uns vielleicht sehr naheliegen und all unsere Aufmerksamkeit, unsere Spannung und unser Denken beanspruchen —, sondern statt dessen versuchten, dem Lebensproblem als Ganzes, als Einheit nahe zu kommen. Dann wären wir meiner Meinung nach eher fähig, nicht nur unsere persönlichen Probleme, sondern auch das Lebensproblem als Ganzes zu begreifen.

Hierüber möchte ich gern heute abend sprechen. Jeder Mensch hat seine Probleme. Unglücklicherweise verzehren sie bei ihm meist alles Denken und alle Energie. Man sucht nach einer Lösung, man tastet und forscht und erwartet die Antwort von einem andern. Wahrscheinlich sind Sie alle gerade aus diesem Grunde hierhergekommen, — Sie suchen nach einer umfassenden und sinnvollen Antwort auf das große Problem des Lebens. Wenn man jedoch nur der Lösung eines einzelnen Problems nachgeht, kann man meiner Ansicht nach kaum eine vollständige Antwort oder volles Verständnis für das Dasein erlangen. Denn alle Probleme stehen in Beziehung zu einander; es gibt kein isoliertes Problem. Man muß also das Leben als Ganzes betrachten und darf es nicht aufteilen, zerbrechen oder zerstückeln. Wenn man das voll erfaßt, werden entweder die persönlichen und die Weltprobleme ganz verschwinden, oder aber man muß sich ihnen auf andere Weise nähern und sie anders zu begreifen suchen.

Heutzutage sind wir alle so sehr in unsere eigenen Probleme verstrickt, wie zum Beispiel Kampf um den Lebensunterhalt, Tugend, Krieg und so weiter, daß wir keine Uebersicht und kein allgemeines Verständnis mehr haben. Wenn uns aber die Uebersicht, das Gefühl für die Einheit unseres Lebens mit all seinen Erfahrungen, Nöten und Kämpfen fehlt, wenn wir es nicht als ein Ganzes betrachten, müssen wir bei dem Versuch einer Lösung unseres individuellen Problems — wie lebenswichtig es auch erscheinen mag, — nur neue Probleme und neues Elend hervorrufen.

Ich hoffe also, es ist klar, daß ich mich nicht mit einem einzelnen Problem befasse, sondern versuchen will, gemeinsam mit Ihnen unser Gesamtproblem zu klären. Meiner Ansicht nach muß jeder, der ein einzelnes Problem herausgreift und es auf seiner eigenen Ebene zu lösen sucht, neue Probleme und neues Elend schaffen. Wenn wir zum Beispiel ein unmittelbares Problem betrachten, — was es auch sein mag —, können wir dann durch dieses Problem auf unser gesamtes Dasein blicken? Wären wir nämlich dazu imstande, so könnte unser direktes Problem eine große Wandlung erfahren; dann würden wir es wahrscheinlich verstehen und uns ganz von ihm befreien.

Wie kann man also vollständigen Ueberblick bekommen? Wie soll man darangehen, eine umfassende Uebersicht zu erlangen, die bei rechtem Verständnis alle Probleme löst? Denn jede Beziehung, jede Idee, jede Handlung hat Bedeutung. Ehe man jedoch etwas verstehen oder das Gesamtbild überblicken kann, muß man sich zuerst dessen bewußt werden, daß man immer wieder versucht, seine Probleme auf sehr begrenztem Gebiet zu lösen. Man verlangt nach einer bestimmten Antwort, die befriedigen und

Sicherheit geben soll. Danach suchen wir alle, nicht wahr? Und das muß man zuerst erkennen, glaube ich, sonst wird man die Bedeutung des Gesamtproblems in seiner Vollständigkeit nicht erfassen.

Es mag zuerst etwas schwierig erscheinen; es mag sogar absurd klingen, denn Sie hören es vielleicht zum ersten Mal, und was man zum ersten Mal hört, weist man gewöhnlich zurück. Will man jedoch etwas verstehen, so darf man es weder abweisen noch annehmen; man muß es prüfen, man muß es betrachten, — nicht mit Sentimentalität oder intellektuellem Scharfsinn, sondern mit gesundem Menschenverstand und Intelligenz, so daß das Bild deutlich wird.

Warum sind wir eigentlich nicht imstande, das Gesamtbild zu sehen, das bei rechtem Verständnis unsere Probleme lösen würde? Wir betrachten alles immer nur als Deutsche, Russen, Hindus oder sonst etwas. Wir sehen alles durch unser Wissen und unsere Meinungen, durch unsere Technik und Uebung und unsern bedingten Verstand. Daher übersetzen wir auch alles entsprechend unserer Beschaffenheit, Tradition, Erziehung oder unserm Wissen. Wir betrachten die Welt niemals ohne den Einfluß unserer Vergangenheit, ohne Bedingtheit, ohne unsere Ideen *über* sie. Sehen Sie nun, was ich meine? Schließlich muß ich mich dem, was ich verstehen will, mit frischem Sinn nähern und nicht voller Erfahrung, Wissen und Bedingtheit.

Das Leben verlangt es so, nicht wahr? Das Leben fordert, daß ich es stets von neuem betrachte; denn Leben ist Bewegung und nicht etwas Totes, Statisches. Ich muß mich dem Leben mit der Fähigkeit nähern, es beobachten zu können, und darf es nicht in meine eigene Sprache als Hindu oder sonst etwas übersetzen. Zuerst muß ich also begreifen, daß mein mit Wissen beladener Sinn unmöglich etwas Lebendiges, Bewegliches untersuchen kann. Darin liegt nämlich eins unserer Probleme: Kenntnis bringt niemals Verständnis für das Leben, mag unser Wissen auch noch so gründlich, noch so reich oder notwendig sein, denn Leben ist Bewegung, ist lebendig. Wenn mein Sinn mit Technik beladen, geschult ist und nur das Starre, Tote versteht, kann er nie das Leben, das Lebendige erfassen oder einen Begriff von ihm als *Ganzes* bekommen. Vielleicht verstehe ich es teilweise, aber niemals in seiner Gesamtheit. Nur indem ich den Prozeß des Lernens erkenne und sehe, wie alles Wissen dem Verständnis des Lebens im Wege steht, kann ich die Gesamtheit allen Lebens erfassen. Ich glaube, es ist recht deutlich, daß das Wissen auf unser Lebensverständnis störend einwirkt, nicht wahr?

Aber was spielt sich heute in der Welt ab? All unsere Schulung und Erziehung läuft auf das Ansammeln von Wissen hinaus, — wie man Technik entwickelt, wie man meditiert, wie man gut wird. Das ‚wie' wird zur Technik, zum Erlernten, und so hofft man, das Unermeßliche zu begreifen! Wenn man sagt: «Ich verstehe, wovon Sie sprechen,», hat man dann wirklich die Wahrheit des Gesagten erfaßt oder nur den Wortlaut verstanden? Denn wenn man es tatsächlich als wahr erkennt, muß ein solches Verständnis von allem angehäuften Wissen, das der Wahrnehmung im Wege steht, befreien.

Wie kann ich also oder wie können Sie mit Ihren Erfahrungen, mit allen Ihren philosophischen Büchern, die Sie gelesen haben, mit Ihrer Ansammlung von Kenntnissen und Wissen alles beiseitesetzen? Ich glaube nicht, daß es sich so einfach ablegen, unterdrücken oder verleugnen läßt. Doch kann man sich dessen bewußt werden und es nicht mehr störend einwirken lassen. Am Ende will jeder selber herausfinden, was Wahrheit ist, und ob es Gott oder Wirklichkeit gibt. Die Entdeckung, die man selber macht, ist wahre Religion, — nicht aber das bloße Annehmen dummer Bräuche und Dogmen und aller übrige Unsinn.

Will man also etwas Ursprüngliches, Wahres, Zeitloses entdecken, so darf man nicht mit Erinnerungen und Wissen belastet darangehen. Wenn man das als wahr erkennt und es tatsächlich *erlebt,* wenn man die Wahrheit dessen voll erfaßt, wird man frei von allen Meistern, Gurus, Lehrern, Heiligen und Erlösern; — nicht weil ich es sage oder ein anderer es sagt, sondern infolge der eigenen Erkenntnis, daß Wissen oder etwas Vergangenes nie zur Entdeckung des Lebendigen, Schöpferischen verhelfen kann; daß weder Technik und Lernen noch das Besuchen von Vorträgen und Diskussionen das Unbekannte, Unerkennbare je aufdecken werden.

Um also zu untersuchen, ob es wahr ist, muß man den Vorgang in seinem eigenen, stets ansammelnden Geiste begreifen. Es wäre töricht zu sagen: ‚ich muß alles Vergangene vergessen', das hätte keinen Sinn. Wenn man aber versteht, warum man unentwegt sammelt, warum man die Vergangenheit so hoch schätzt und seine Triebkraft vollkommen auf Zeit basiert, wird man auch erkennen, daß man sich von der Vergangenheit, von der angehäuften Last seines Wissens befreien und etwas völlig Neues, nie Erlebtes oder Vorgestelltes erforschen kann, und das ist ein Zustand der Schöpfung, der Wirklichkeit oder Gottes, — wie man es nennen will.

Unsere Schwierigkeit ist also folgende: wie sollen wir an die Probleme und zahllosen Konflikte in unserer Umgebung herangehen und sie zu verstehen suchen, damit sie keine Last mehr für uns bedeuten und uns helfen, den Denkvorgang, der sich unentwegt in der Zeit, das heißt im Bekannten verfängt, zu erforschen? Ehe man nicht anfängt, diesem Vorgang, der tatsächlich Selbsterkenntnis bedeutet, nachzuspüren, wird man ein oberflächliches, leeres und stumpfes Leben führen, selbst wenn man noch so viel weiß, wenn man ein großer Gelehrter, ein bedeutender Forscher oder nur ein Durchschnittsmensch ist.

Daher glaube ich, daß die vielen Probleme, die wir haben, nur dann zu lösen sind, wenn wir sie als Teile unseres gesamten Daseins betrachten. Doch wenn wir das Ganze zerstückeln, verstehen wir nichts mehr, — und gerade das tun wir. Schwierig wird es, weil unsere Probleme so dringend, so unmittelbar sind, daß wir uns in ihnen verfangen. Lassen wir es aber nicht zu, sondern versuchen, durch unsere Probleme hindurch zu tasten, dann können wir uns unserer Neigung zum Ansammeln von Wissen als einer Art Selbst-Sicherung bewußt werden. Warum wollen wir eigentlich immer anhäufen? Warum sammeln wir Besitztümer, Geld, Wissen, Ehren und so weiter? Weil es uns ein Gefühl der Sicherheit verleiht. Hat man keinen Besitz oder kein Geld, so gibt einem das Wissen ein Gefühl von Sicherheit. Doch das Neue kann sich nur einem Menschen ohne Empfindung für Sicherung offenbaren, denn dann ist er nicht mehr um sich selbst, um seine Errungenschaften oder seinen Fortschritt besorgt.

Wie kann sich unser Sinn also von Zeit befreien? Denn Zeit bedeutet Wissen. Zeit tritt in Erscheinung, wenn man etwas erreichen, gewinnen oder vollbringen will. «Ich bin nicht wichtig, aber ich will es werden», in einem solchen Gedanken tritt Zeit in Erscheinung, und Kampf liegt darin miteingeschlossen. Denn in der Idee 'Ich will etwas werden' ist immer Anstrengung enthalten. Meiner Ansicht nach ist es dieses Bemühen, *etwas zu werden*, das Zeit schafft, und daher bekommen wir keine Vorstellung von der Gesamtheit der Dinge. Sehen Sie, solange ich über mich selber in Begriffen wie Gewinn oder Verlust denke, brauche ich Zeit. Ich brauche Zeit, um den Abstand zwischen heute und morgen zu überbrücken, wenn ich etwas erreichen will, — sei es in bezug auf Tugend oder Wissen oder Stellung. Die Zeit-Schöpfung teilt unser Leben, bricht es in Stücke und wird dadurch zum Problem. Will man die Gesamtheit des außerordentlichen Etwas, das wir Leben nennen, verstehen, so darf man diese Dinge offenbar nicht zu klar umreißen. Etwas so Gewaltiges, etwas, das sich nicht mit Worten messen läßt, kann nicht genau abgegrenzt werden. Wir verstehen das Unermeßliche nie, weil wir ihm stets in der Zeit nahezukommen suchen.

Um das wirklich zu erfassen, braucht man weder intellektuelle Fertigkeit noch sentimentale Gemütsbewegung; Sie sollten vielmehr meinen Worten aufmerksam zuhören, denn dann können Sie beim Zuhören selber entdecken, wie sich Ihr Sinn die Zeit vertreibt; aber, obwohl er ein Produkt der Zeit ist, kann er doch über die Zeit hinausgehen. Das geschieht indessen nicht durch sentimentale, gefühlsmäßige Verwirklichung. Im Gegenteil, es erfordert ein sehr klares Denken und hohe Wachsamkeit des Geistes ohne jede Sentimentalität; es erfordert auch die Einsicht, daß der Sinn außerordentlich ruhig und still werden muß, wenn er das Unermeßliche verstehen will. Solange ich jedoch glaube, daß ich Stille irgendwann in der Zukunft erreichen kann, habe ich die bloße Möglichkeit schon zerstört. Jetzt oder nie! Das ist sicherlich nicht so leicht zu begreifen, denn wenn wir an den Himmel denken, tun wir es stets in Begriffen der Zeit.

Frage: Sind Yoga-Uebungen in irgendeiner Weise dienlich für den Menschen?

KRISHNAMURTI: Meiner Meinung nach muß man auf diese Frage tiefer eingehen. In Europa wie in Indien herrscht offenbar der Glaube, daß man Erleuchtung oder Erlösung finden könne, wenn man Uebungen macht, Tugenden pflegt, gut ist, heilige Bücher liest, gute Werke tut oder einem Lehrer folgt. Ich fürchte aber, dem ist nicht so! Ganz im Gegenteil: man verfängt sich in dem, was man übt, und wird dadurch für immer zum Gefangenen, und die Vision wird auf ewig getrübt.

Yoga-Uebungen sind wahrscheinlich gut für den Körper. Aber jede andere Art von Uebung, wie Laufen, Springen, Bergsteigen, Schwimmen oder was man sonst tun will, liegt auf derselben Ebene. Die Annahme, sie führten zur Erlösung, zum Verständnis, zu Gott, Wahrheit oder Weisheit, ist meiner Ansicht nach reiner Unsinn, — obwohl alle Yogis in Indien das Gegenteil behaupten. Wenn man aber einmal erkennt, daß alles, was man übt, annimmt oder entwickelt, immer den Faktor der Gier in sich trägt, — nämlich etwas zu erlangen, etwas zu erreichen, einen Rekord zu brechen, — dann unterläßt man es. Ein Mensch, der sich mit dem ‚Wie' beschäftigt, — mit Yoga-Uebungen oder anderem — kann damit nur seinen Zeitsinn entwickeln, aber niemals das Zeitlose begreifen.

Schließlich macht man Yoga-Uebungen in der Hoffnung, etwas zu erreichen oder zu gewinnen, zum Beispiel

Glück, Seligkeit oder was sonst angeboten wird. Glauben Sie wirklich, daß Seligkeit so leicht zu erlangen ist, — wenn man ein paar Uebungen macht oder sich stark konzentriert? Muß man nicht erst vollkommen frei von aller selbstsüchtigen Handlungsweise werden? Sicherlich ist doch ein Mensch, der Yoga-Uebungen macht, um Erleuchtung zu bekommen, sehr mit sich selbst und seinem geistigen Wachstum beschäftigt; er ist erfüllt von seiner eigenen Wichtigkeit. Es ist aber eine Kunst, den gesamten Vorgang selbstsüchtigen Handelns im Namen Gottes, der Wahrheit oder des Friedens zu verstehen und sich davon zu befreien; und man kann nur mit Selbsterkenntnis, niemals aber mit irgendwelchen Uebungen daran gehen.

Man braucht indessen keine Zeit, um davon frei zu werden; darin, glaube ich, liegt die Schwierigkeit. Wir sagen: ‚Ich bin neidisch oder ehrgeizig. Wie soll ich mich davon befreien? Dauert es nicht seine Zeit? Ich muß mich üben, muß es unterdrücken, muß Buße tun und Opfer bringen, Yoga-Uebungen machen und so weiter', — alles nur Zeichen selbstsüchtiger Handlungsweise, die auf einer anderen Ebene weitergeht. Wenn man das wirklich einsieht und begreift, wird man auch verstehen, daß das Problem nicht lautet: kann ich mich in einer bestimmten Zeitspanne vom Neid befreien?, sondern: kann ich es unmittelbar tun? Ich hoffe, das ist klar. Es ist als ob man einem Hungrigen ein Versprechen auf Nahrung gibt; er will aber nicht morgen, sondern jetzt, sofort gespeist werden; in diesem Sinne ist er frei von Zeit. Wir sind jedoch träge, wir suchen nach verschiedenen Methoden, um dahin geführt zu werden, wo wir am Ende Vergnügen zu finden hoffen.

Frage: Ein bekannter Schriftsteller hat ausführlich über den Gebrauch bestimmter Drogen geschrieben, die dem Menschen visionäre Erfahrungen der Vereinigung mit der Gottheit verschaffen sollen. Sind solche Experimente hilfreich, wenn man den Zustand, von dem Sie sprechen, herbeiführen will?

KRISHNAMURTI: Sie wissen alle, daß man Tricks erlernen kann, daß man die neuesten Drogen oder Opiate einnehmen oder sich betrinken kann; jeder Mensch hat Erlebnisse dieser Art irgendwann einmal gehabt, — intensiv, deprimierend oder aufregend. Offenbar hat unser physiologischer Zustand Einfluß auf unseren psychologischen. Das kann aber noch lange nicht den Zustand herbeiführen, von dem wir hier sprechen. Es führt nur zu anderen, intensiven und abwechslungsreichen Erlebnissen, wonach wir alle verlangen, ja hungern, weil wir genug von dieser Welt haben. Zwei Kriege haben wir durchlebt unter entsetzlichen Verhältnissen, voller Elend und Leid und ewigem Kampf an allen Seiten; und wir wissen, daß wir selber kleinlich, selbstsüchtig und beengt sind. Wir wollen dem entfliehen und suchen nach einer Psychologie oder Philosophie, nach Religion oder Drogen, — alles auf demselben Gebiet.

Der Mensch verlangt stets nach Erfahrung; er möchte die Wirklichkeit erleben, — etwas Großes, Gewaltiges, Vitales, wie eine Vision. Offenbar tritt so etwas ein, wenn man bestimmte Drogen nimmt. Man kann aber auch Visionen haben innerhalb seiner Bedingtheit, durch seine Religion; wenn man zum Beispiel unaufhörlich an Christus oder Buddha denkt, kommen solche Erlebnisse oder Visionen. Das hat indessen nichts mit der Wirklichkeit zu tun, das ist kein wahres Erlebnis. Es sind nur die Projektionen unseres Ich, das Ergebnis unseres Verlangens nach Erfahrung. Unsere eigene Bedingtheit projiziert, was wir sehen möchten.

Will man etwas Wahres erleben, so darf man nicht nach Erfahrungen verlangen. Solange man um Erfahrungen bittet, bekommt man sie, doch keine wahren, — ‚wahr' im zeitlosen, unermeßlichen Sinne, mit dem Duft der Wirklichkeit. Alle anderen sind Illusionen und das Produkt eines enttäuschten Geistes, der Erfahrungen nötig hat, weil sie ihm Aufregung und Gemütsbewegung und das Gefühl des Tätigseins verleihen. Das ist auch der Grund, weshalb man einem Führer folgt: er verspricht etwas Neues, etwas in der Zukunft, eine Utopie und opfert die Gegenwart beständig der Zukunft auf. Man ist töricht genug, ihm zu folgen, weil es aufregend ist. Sie haben es in diesem Lande erlebt, und Sie sollten das Elend und die Grausamkeit bei alledem besser als andere kennen. Trotzdem sucht man nach Erfahrungen und Sensationen derselben Art auf anderem Gebiet; man nimmt Drogen, geht zu Zeremonien, die einen erregen, oder macht Uebungen, um einen Auftrieb zu bekommen. Alles deutet darauf hin, daß man immer noch Erlebnisse sucht, um ständig in Erregung zu bleiben. Und ein Mensch, der auf der Suche ist, der sich immer wieder erregt und sich nach Erlebnissen sehnt, kann die Wahrheit niemals finden.

Denn die Wahrheit ist etwas Neues, etwas völlig Unbekanntes und Unerkennbares. Daher muß man ohne jedes Begehren, ohne Wissen und Wünschen, vollkommen entblößt an sie herantreten. Dann kann es geschehen; doch kann man es nicht herausfordern.

Frage: Ist unser Leben vorausbestimmt oder ist man frei in der Wahl seines Lebensweges?

KRISHNAMURTI: Solange man eine Wahl hat, gibt es natürlich keine Freiheit. Bitte folgen Sie meinen Worten; weisen Sie nichts ab und nehmen Sie nichts an, sondern lassen Sie es uns zusammen durchdenken. Der Mensch, der eine Wahl zu treffen hat, ist nicht frei; denn in jeder Wahl liegt bewußt oder unbewußt Konflikt, und wenn unser Sinn im Widerstreit liegt, ist er nicht frei. Das Leben ist voller Konflikte; man kennt die ewige Wahl zwischen gut und böse nur zu genau. Unser Leben ist ein immerwährender Kampf, ein Vergleichen, Urteilen, Bewerten, Annehmen und Ablehnen; und ein Mensch, der im Kampf liegt, ist niemals frei.

Sind wir eigentlich Individuen im Sinne der Einzigartigkeit? Wir sind das Ergebnis unserer Bedingtheit, das Ergebnis zahlloser jahrhundertealter Einflüsse. Wenn man sich als ‚Abendländer' oder noch spezieller als Deutscher absondert, kann man dadurch zu einem Individuum werden, — zu einem vollkommen unverdorbenen und unbeeinflußten Wesen? Denn nur in *solchem* Zustand ist man frei, sonst nicht. Das bedeutet nun weder selbstsüchtige Individualität noch Anarchie, im Gegenteil! Sind wir heutzutage aber Individuen? Alles andre als das. Man ist Deutscher, Engländer, Franzose oder Katholik, Protestant, Kommunist oder sonst etwas; man ist abgestempelt, geformt und innerhalb des Systems, in dem man erzogen worden ist, gefangen. So ist unser Leben festgelegt. Sie haben es vor 10 Jahren erlebt, wie Ihr Leben festgelegt war. Jeder Katholik, jeder, der in die Kirche geht oder einer Organisation angehört, weiß, daß sein Leben festliegt, daß er nicht frei ist. Wenn er auch über Freiheit, Liebe oder Frieden sprechen mag, kann er sie doch nie erlangen und frei werden; für ihn sind sie nichts als Worte.

Ihr Leben *ist* vorausbestimmt; es wird durch die Gesellschaft, die Ihre Schöpfung ist, geformt und kontrolliert. Sie selber haben Ihre Führer und Kriege und organisierten Religionen geschaffen, deren Sklaven Sie heute sind. Daher *ist* Ihr Leben vorausbestimmt. Man kann nur untersuchen, in welcher Weise es festgelegt oder bedingt ist, und wie sich alle menschlichen Reaktionen in der ganzen Welt mehr oder weniger gleichen. Oberflächlich betrachtet äußern sich die Reaktionen auf verschiedene Weise, — hier anders als in Indien oder China und so weiter; aber jeder Mensch steht im Rahmen seiner Bedingtheit und niemand ist ein Individuum. Daher ist es so sinnwidrig, über Freiheit und Begrenzung zu sprechen. Man kann zwischen rot und blau wählen, aber das ist auch alles, auf dieser Ebene spielt es sich ab. Wenn man wirklich tief hierauf eingeht, kann man entdecken, daß man durchaus kein Individuum ist.

Bei solchem Nachdenken kann man auch herausfinden, daß die Möglichkeit besteht, sich von seiner gesamten Bedingtheit zu befreien, — als Deutscher, Katholik, Hindu, als Gläubiger oder Ungläubiger. Dann wird man erleben, was es bedeutet, reinen Sinnes zu sein; und nur dann kann man die Wahrheit finden.

Frage: Kann das Bewußtmachen unerwünschter Eigenschaften uns von ihnen befreien, wie Sie es andeuteten?

KRISHNAMURTI: Ich glaube, es ist wichtig, hier festzustellen, was wir unter ‚bewußtmachen' verstehen. Ich will erklären, was ich damit meine; und bitte, schmücken Sie es nicht aus, machen Sie es nicht geheimnisvoll, kompliziert oder mystisch. Wenn man den Begriff verfolgt und bis zu Ende durchdenkt, wird er sehr klar und einfach.

Zweifellos werden wir uns vieler Dinge bewußt; zum Beispiel, daß ich hier stehe und zu Ihnen spreche, und daß Sie mir zuhören. Weiterhin kann man bemerken, wie man zuhört. Das ‚wie' ist sehr wesentlich, denn es ist Teil des Bewußtwerdens. Indem man wahrnimmt, wie man zuhört, kann man zugleich erkennen, auf welche Weise man bedingt ist. Denn wahrscheinlich überträgt man das, was man hört, in Begriffe seiner eigenen Bedingtheit, seiner Vorurteile und seines Wissens; man hört also nicht zu sondern übersetzt. Das ist ein Teil des Bewußtwerdens, nicht wahr?

Geht man nun weiter und erkennt, daß man tatsächlich zuhört, ohne das Gehörte in Begriffe seiner eigenen Vorurteile zu übertragen, dann sieht man auch, was wahr und was falsch ist. Denn wahr und falsch kann niemals von Vorurteilen abhängen: est ist so, oder es ist nicht so. Wenn man aber unaufhörlich damit beschäftigt ist, etwas zu übersetzen, trübt sich der Blick und man kann nichts mehr deutlich erkennen. Die meisten Menschen hören überhaupt nicht zu, weil sie das, was sie hören, sogleich in Begriffe ihrer eigenen Erziehung übertragen. Ist man zum Beispiel Christ, so bezieht man alles auf die Bibel oder Christus oder auf das Wissen, das man bereits darüber gesammelt hat; und so hört man immer wie hinter einer Verschanzung zu. Das zu erkennen, ist ebenfalls Teil des Bewußtwerdens, nicht wahr?

Der Fragesteller möchte auch wissen, ob er sich durch Bewußtwerden von seinen unerwünschten Eigenschaften befreien kann. Mit andern Worten, kann man sich zum Beispiel von Neid freimachen? Wenn Sie jetzt meinen Worten folgen, werden Sie alle stillschweigenden Folgerungen, die in dieser Frage miteingeschlossen sind, wahrnehmen können. Die meisten Menschen, die ihrer selbst bewußt sind oder sich aufmerksam beobachten, wissen es, wenn sie neidisch sind. Wir kennen das Gefühl von Neid, in oberflächlicher wie auch in sehr komplizierter Weise. Wir wissen ebenfalls, daß unsere Gesellschaft und unsere Religionen auf Neid basieren, nämlich auf dem Wunsch, etwas Größeres in dieser Welt oder im Jenseits zu werden.

Wenn uns das alles nun voll zum Bewußtsein kommt, was geschieht dann? Entweder verurteilen wir unseren Neid, oder wir versuchen, ihn mit unserer Vernunft zu erklären. Wir verdammen ihn, weil das zu unserer Erziehung gehört. Trotzdem wir alle unentwegt neidisch sind, ist es doch üblich, Neid zu verurteilen. Und so tun wir es in der Hoffnung, uns dadurch von Neid zu befreien. Doch wir werden niemals frei, er kommt immer wieder zurück. Solange wir in unserem Geist Vergleiche anstellen, bleibt Neid bestehen. Wenn ich mich zum Beispiel mit jemandem vergleiche, der bedeutender, beliebter oder tugendhafter ist als ich, werde ich neidisch. So bringt alles Vergleichen Neid hervor.

Geht man noch tiefer hierauf ein, so kann man entdekken, daß Neid fortbesteht, solange man sein Gefühl in Worte kleidet und es ‚Neid' nennt. Ich hoffe, Sie können mir folgen. Wir geben unseren Gefühlen Namen, nicht wahr? Wir sagen: ‚ich bin neidisch'. Wie kann ich aber erfahren, daß ich neidisch bin, wenn ich es *nicht* so nenne? Nehme ich Neid erst wahr, wenn ich ihm einen Namen gebe?

Woher weiß man, daß man neidisch ist? Bitte, betrachten Sie es ganz einfach, dann werden Sie es verstehen. Weiß man es erst, nachdem man sein Gefühl ‚Neid' genannt hat? Oder kennt man Neid als ein Gefühl, unabhängig von seinem Namen? Ist das alles nicht auch Teil des Bewußtwerdens?

Wir wollen einmal langsam vorgehen. Ich bin neidisch und verurteile es; das liegt an meiner Erziehung. Doch der

Neid bleibt bestehen. Was soll ich aber tun, wenn ich mich wirklich davon befreien will? Das ist unser Problem. Ich will nicht, daß es so weitergeht, denn das ist töricht; ich sehe die Sinnwidrigkeit und möchte davon loskommen. Wie kann ich aber frei werden? Zuerst einmal erkenne ich, daß alles Vergleichen aufhören muß. Und es bedeutet mühevolle Untersuchung, es wirklich zu begreifen, denn unsere gesamte Erziehung ist auf dem Vergleichen begründet: du sollst so gut werden wie dein Bruder oder dein Onkel oder dein Urgroßvater oder Jesus, und so weiter. Kann man je frei von solchem Vergleichen werden?

Dann kommt das weitere Problem: kann unser Verstand bei einem Neidgefühl davon absehen, es ‚Neid' zu nennen? Wenn man sich einmal dahinein vertieft, erkennt man, wie ungeheuer wachsam der Sinn sein muß, will er das Wort von dem Gefühl unterscheiden und abtrennen. Weiterhin kann man sehen, wie all das auch Teil unseres Bewußtwerdens ausmacht, vorausgesetzt daß keine Anstrengung damit verbunden ist; denn sobald man eine Anstrengung macht, ist wieder der Antrieb zum Gewinn da, und man ist immer noch neidisch.

Bewußtwerden schließt also all das ein: daß man neidisch ist, solange man sich mit anderen vergleicht und solange man sein Gefühl ‚Neid' nennt, denn gerade durch unser Benennen wird das Gefühl verstärkt. Nur wenn man keine Vergleiche mehr anstellt, seinem Gefühl keinen Namen gibt und sehr zögernd, vorsichtig und eifrig weiter untersucht, wird man erfahren, wie das Bewußtwerden den Sinn von Neid befreien kann.

5

Ich fürchte, unsere Zusammenkünfte werden nutzlos verlaufen, wenn Sie das, was wir hier besprechen und diskutieren, nur als Austausch von Worten ohne tiefere Bedeutung ansehen. Es kommt mir so vor, als ob die meisten Menschen ernsten Dingen nur recht oberflächlich zuhören und wenig Zeit oder Neigung haben, ihr Denken auf die tiefsten Dinge im Leben zu richten und auf sie einzugehen. Wir sind so leicht geneigt, bereitwillig etwas anzunehmen oder abzulehnen. Würden Sie jedoch während dieser Vorträge einmal versuchen, Ihre Probleme nicht wie sonst oberflächlich zu betrachten, sondern wirklich zu *erleben*, dann wäre es meiner Ansicht nach nützlich und wertvoll, hier ein besonderes Problem zu behandeln, dem die meisten Menschen ausgesetzt sind. Ich meine das Problem der Abhängigkeit. Es ist tatsächlich sehr verwickelt; wenn wir uns aber — jeder für sich — dessen bewußt werden und erkennen, was alles darin eingeschlossen liegt und wohin es führt, — anstatt nur dem Wortlaut meiner Darlegung zu folgen, — dann könnten wir vielleicht selber herausfinden, ob man sich ganz von Abhängigkeit befreien kann.

Ich glaube, daß Abhängigkeit im tiefsten Sinne unser Leben und Denken verdirbt; es erzeugt Ausbeutung, es züchtet Autorität, Gehorsam und das Annehmen ohne Verständnis. Will man eine ganz neue Art Religion ins Leben rufen, völlig verschieden von der heutigen, — die wahre Revolution eines religiösen Menschen, — dann muß man sicherlich die ungeheure Bedeutung der Abhängigkeit begreifen, um frei von ihr zu werden.

Die meisten Menschen sind nicht nur von der Gesellschaft oder einer Autorität abhängig, sondern auch von ihren unmittelbaren Beziehungen: ihren Nachbarn, ihrem Ehepartner, ihren Kindern und so weiter. Wenn man sich jedoch in seiner Lebensweise und seinem Benehmen auf andere stützt, sich von seinem Vaterlande, seiner Rasse, Klasse und so weiter abhängig macht und sich mit ihnen identifiziert, führt das zu psychologischen Hemmungen. Es muß doch jedem Menschen schon einmal der Gedanke gekommen sein, ob man sich nicht innerlich, psychologisch, in seinem Herzen und Sinn von aller Abhängigkeit befreien könne. Offenbar stützt man sich aus psychologischen

Gründen auf andere; das gesamte gesellschaftliche Gefüge ist hierauf aufgebaut, und es ist sozusagen natürlich, auf solche Weise abhängig zu werden, nicht wahr? Ich finde es aber durchaus unnatürlich, wenn man sich zu seinem Behagen, seinem Wohlbefinden und seiner Sicherheit innerlich, psychologisch auf einen anderen stützt. Sobald man sich der Abhängigkeit als Problem bewußt wird, erkennt man auch, was sie alles einschließt. Sie bringt ein starkes Furchtgefühl mit sich, das zu allerlei Hemmungen führt. Abhängigkeit von einem anderen verleiht ein falsches Gefühl der Sicherheit; und wenn man sich nicht gerade auf eine Person stützt, so doch sicherlich oft auf eine Idee oder auf sein Wissen, auf das Vaterland, auf Ideale oder Glaubenssätze.

Man kann also erkennen, daß man psychologisch abhängig ist; ich glaube, das ist ziemlich klar für jeden, der sich überhaupt seiner selbst und seiner Beziehungen zu anderen, zur Gesellschaft bewußt wird. Warum stützt man sich auf andere? Ich halte es für recht bedeutsam und wichtig, sich über seine Abhängigkeit klar zu werden. Ist es möglich, sich von seiner psychologischen, inneren Abhängigkeit zu befreien? Und was würde geschehen, wenn man sich auf niemanden mehr stützte? Fühlt man sich vielleicht aus dem Gefühl der Einsamkeit, der Hemmung, Leere oder Unzulänglichkeit gedrängt, sich an jemanden anzulehnen? Geschieht es aus Mangel an Selbstvertrauen? *Wenn* aber jemand Vertrauen in sich selber hat, führt es ihn dann zur Freiheit oder nur zu Streitlust und Selbst-Behauptung?

Ich weiß nicht, ob Sie das für ein wichtiges Problem in Ihrem Leben halten; ich sehe es dafür an. Vielleicht sind wir uns nicht unserer Abhängigkeit bewußt; doch wenn wir sie erkennen, müssen wir auch unvermeidlich die gewaltige Furcht dahinter wahrnehmen, und wie wir, um der Furcht zu entfliehen, psychologisch abhängig werden. Das, worauf man sich stützt, — sei es eine Person oder eine Idee, — wird so bedeutsam im Leben, daß man es unentwegt verteidigt. Man will psychologisch nicht beunruhigt werden, will das, worauf man sich stützt, sich nicht fortnehmen lassen, — sein Vaterland, sein Ideal oder eine Person. Und um der Furcht, die man unbewußt in sich fühlt, zu entfliehen, wendet man sich an andere um Trost, Liebe oder Ermutigung, — das ist im wesentlichen der Vorgang des Abhängig-Werdens. Kann man nun *frei* von aller Abhängigkeit werden und damit dem Problem der Furcht ins Auge sehen? Denn ohne wahres Verständnis der Furcht und Freiheit von ihr hat das Suchen nach Gott, Wirklichkeit oder Glück keinen Sinn; man wird sonst immer wieder von dem Gegenstand seiner Suche abhängig. Nur ein innerlich furchtloser Mensch kann den Segen der Wirklichkeit erfahren; und er wird erst frei von Furcht, wenn er in keiner Weise mehr abhängig ist.

Lassen Sie uns einmal die Furcht betrachten. Was ist Furcht? Furcht herrscht immer in bezug auf etwas, sie besteht niemals an sich. Und wovor fürchten wir uns? Vielleicht nehmen wir unsere Aengste nicht immer bewußt wahr; unbewußt sind sie jedoch vorhanden, und das unbewußte Empfinden hat viel größeren Einfluß auf unser tägliches Denken und Handeln als das bloße Unterdrücken und Ableugnen aller Furcht. Wovor fürchten wir uns also? Es gibt oberflächliche Aengste, wie zum Beispiel die um eine Stellung oder ähnliches, aber an diese können wir uns anpassen; auch wenn man keine feste Stellung hat, wird man schon irgendwie Arbeit finden. Bei der wahren Furcht geht es nicht um soziale Sicherung, sondern um etwas viel Tieferes. Und ich weiß nicht, ob man willens ist, so tief in sich hineinzublicken, daß man wahrnehmen kann, wovor man sich im Grunde so sehr fürchtet. Aber keine Anstrengung, kein Fluchtversuch, keine besondere Einstellung oder Tugend kann einem etwas nützen, solange man es nicht selber herausfindet; denn Furcht ist die Wurzel der meisten unserer bangen Impulse. Kann nicht jeder bei sich selber untersuchen, was es ist? Und ist es uns allen gemeinsam wie das Sterben? Oder ist es etwas, das jeder selber entdecken und betrachten muß?

Um ein Beispiel zu nehmen: viele Menschen fürchten sich vor der Einsamkeit. In unserem Unterbewußtsein wissen wir, daß wir einsam und leer, daß wir nichts sind; zwar haben wir Titel und Stellungen, Macht, Geld und so weiter, aber wenn wir über all das hinausgehen, kommen wir zu einem Zustand der Leere, der unerfüllten Sehnsucht, des Vakuums, den wir mit ‚Einsamkeit' bezeichnen, — es ist ein Gefühl, als ob das Ich vollkommen eingeschlossen sei. Vielleicht liegt hier die Grundursache unserer Furcht. Müssen wir das nicht betrachten, um es zu begreifen? Denn ich bin der Ansicht, wir müssen es zu verstehen suchen, wenn wir darüber hinausgehen wollen. Unsere Handlungsweise beruht zum größten Teil auf Furcht, nicht wahr? Wir wollen uns niemals wahrheitsgetreu so sehen, wie wir sind, wollen uns nie *bis auf den Grund* erkennen, weil das Empfinden innerer Leere immer größer wird, je tiefer, drastischer und grundlegender man in sich selber vorstößt. Alles, was man gelernt und erworben hat, alle Tugenden, Kenntnisse und so weiter liegen an der Oberfläche und verlieren an Bedeutung, je tiefer man in sein Wesen eindringt. Und je weiter man vorstößt, desto näher kommt man dem gewaltigen Gefühl der Leere. Vielleicht hat man es gelegentlich einmal ganz flüchtig erlebt, als man sich einsam fühlte; aber in solchen Augenblicken dreht man gewöhnlich dann das Radio an oder beginnt eine Unterhaltung oder tut irgendetwas, um dem Empfinden der Unzulänglichkeit zu entfliehen. Das Gefühl des Nicht-Seins könnte aber gerade die Ursache aller Furcht sein; und ich glaube bestimmt, die meisten Menschen haben es irgendwann einmal erlebt.

Wenn man es also in einem flüchtigen Augenblick erfährt, läuft man im allgemeinen davon und stürzt sich in Unterhaltung, in Vergnügen, ins Lernen, oder macht einen anderen der vielen zivilisierten Fluchtversuche. Was aber geschieht, wenn man nicht davonläuft? Kann man dann tiefer eindringen? Ich glaube, man muß es tun! Denn wenn man tiefer in den Zustand der Leere eindringt, wird man vielleicht etwas ganz Neues entdecken und sich vollkommen von aller Furcht befreien können.

Will man etwas verstehen, so darf man es sicherlich

nicht verurteilen, nicht wahr? Wenn ich Sie hier begreifen will, darf ich nicht an all das denken, was ich über die Deutschen weiß oder gehört habe, — oder über Hindus oder Russen, wenn es sich um diese handelt; ich muß frei von dem Gefühl der Bewertung und Verurteilung sein. Will ich ein Kind begreifen, so darf ich es nicht verurteilen oder mit anderen Kindern vergleichen; ich muß es unaufhörlich beobachten, beim Spielen oder beim Weinen, in allen seinen Launen. Ebenso geht es mir, wenn ich das, was ich Leere, Einsamkeit oder Unzulänglichkeit nenne, verstehen will; dann muß ich es betrachten und genau beobachten, ohne es zu tadeln; denn im Augenblick, da ich urteile, habe ich bereits Furcht geschaffen. Kann ich aber mich selber und meine Unzulänglichkeit betrachten, ohne sie zu verurteilen? Schließlich ist das Verurteilen nur ein Bezeichnen mit einem Wort, nicht wahr?, und sobald ich etwas verurteile, habe ich die wahre Beziehung dazu verloren.

Ich hoffe, Sie folgen dem, was ich sage. Ich halte es nämlich für besonders wichtig, daß Sie beim Zuhören damit experimentieren und es zu verstehen suchen, nicht so fortgehen und später darüber nachdenken. Ich meine aber nicht, daß Sie mit *meinen Worten* experimentieren sollen, sondern mit dem Aufspüren Ihrer eigenen Leere, Einsamkeit oder Unzulänglichkeit, die Furcht hervorruft. Nur wenn man sich dem Gegenstand seiner Untersuchung ohne jedes Gefühl der Furcht oder Mißbilligung nähert, kann man frei davon werden.

Lassen Sie uns also das, was wir Leere, Einsamkeit, Unzulänglichkeit genannt haben, betrachten und uns vergegenwärtigen, daß wir uns lieber in alle mögliche Tätigkeit flüchten, als sie zu begreifen suchen. Indem ich nun erkenne, daß es wichtiger ist, sie zu *verstehen* als zu verurteilen, verschwindet meine Mißbilligung und ich kann mit ganz anderer Einstellung an sie herantreten: mit einheitlichem, freiem Sinn. Ich erkenne auch, daß sich mein Sinn nicht von dem Zustand der Leere trennen läßt, — ich selber *bin* die Leere. Wenn man dann bei sich selber wirklich tief darauf eingeht, kann man erleben, daß aus dem, was man Leere oder Furcht genannt hat, ein außerordentlicher Zustand hervorgeht, in dem man vollkommen ruhig, furchtlos und ohne jedes Verlangen ist. In solcher Stille entsteht Schöpfung, Wirklichkeit oder Gott, — wie man es nennen will. Das Gefühl der inneren Furchtlosigkeit kann aber nur eintreten, wenn man den Gesamtvorgang seines Denkens begriffen hat. Erst dann, glaube ich, ist es möglich, bei sich selber die ewige, schöpferische Kraft zu entdecken.

Frage: Die meisten Menschen sind in der Routine ihrer Arbeit gefangen und langweilen sich; aber ihr Lebensunterhalt hängt davon ab. Warum können wir bei unserer Arbeit nicht glücklich sein?

KRISHNAMURTI: Sicherlich zwingt uns die moderne Zivilisation oft zu einer Art Arbeit, die wir als Individuen keineswegs mögen. Unsere heutige Gesellschaft ist auf Wettbewerb, Grausamkeit und Krieg begründet; sie braucht Ingenieure und Wissenschaftler, die überall in der Welt gesucht werden. Denn ein Ingenieur oder Wissenschaftler kann Kriegsinstrumente entwickeln und dadurch sein Volk besser vorbereiten, es kriegstüchtiger und grausamer machen. Die Erziehung zielt also daraufhin, Ingenieure auszubilden, — ob man dafür geeignet ist oder nicht; es wird zur Notwendigkeit, wir alle wissen es. Der junge Mann, der zum Ingenieur ausgebildet wird, wollte es vielleicht gar nicht werden; er wäre viel lieber Maler oder Musiker oder Gott weiß was geworden. Doch Umstände, Erziehung, Familie, Gesellschaft, alles zwingt ihn in diese Richtung, und er wird Ingenieur. So haben wir selber die Routine geschaffen, in der er für den Rest seines Lebens gefangen ist, — enttäuscht, elend, unglücklich. Wir alle kennen so etwas.

Es ist also eine Frage der Erziehung, nicht wahr? Könnte man nicht eine andere Art Erziehung einführen, bei der jeder Mensch seine Arbeit liebt? Ich meine wirklich das Wort ‚liebt'. Denn man kann nicht gut etwas lieben und gleichzeitig mit dessen Hilfe nur nach Erfolg, Macht, Stellung oder Ansehen streben.

Wie die Gesellschaft heute gefügt ist, bringt sie in der Tat nur Menschen hervor, die sich über alle Massen langweilen und in der Routine ihrer Arbeit gefangen sind. Will man aber Kindern oder Schülern helfen, sich in dem, was sie gern tun, auszubilden, will man einen ganz anderen Zustand herbeiführen, so muß eine gewaltige Revolution nicht nur in der Erziehung, sondern auch in allem andern stattfinden.

Bei dem heutigen Stand der Gesellschaft müssen wir uns mit Routine und Langeweile begnügen; und wir versuchen, dem auf allerlei Weise zu entfliehen: durch Vergnügen, sogenannte Religion, Radio, Bücher; so werden wir in unserem Leben immer seichter, leerer und stumpfer. Und solche Oberflächlichkeit führt wiederum zum Annehmen von Autorität, die uns ein größeres Gefühl von Macht und Stellung, eine Empfindung des Allumfassenden verleiht. In unserem Herzen wissen wir all das; aber es ist sehr schwer, sich davon loszumachen, denn man muß es mit Verstand, Energie, harter Arbeit und ohne Sentimentalität tun.

Will man also eine neue Welt schaffen, — und sicherlich muß es geschehen nach den entsetzlichen Kriegen, dem Elend und Schrecken, das so viele Menschen durchgemacht haben, — dann muß in jedem einzelnen eine religiöse Revolution vor sich gehen und eine neue Kultur, eine völlig neue Religion entstehen, ohne Autorität, Priesterschaft, Dogmen und kirchliche Bräuche. Zur Erschaffung einer solchen grundlegend anderen Gesellschaft und Kultur bedarf es einer religiösen Revolution, das heißt einer Revolution *im Innern* des Menschen, nicht aber eines entsetzlichen Blutbades, das nur größere Tyrannei, mehr Furcht und Elend zur Folge haben würde. Wollen wir eine in ganz anderem Sinne ‚neue' Welt schaffen, so muß es *unsere* Welt sein, und nicht mehr die deutsche, russische oder indische; wir sind alle Menschen, und die Erde gehört uns.

Unglücklicherweise fühlen aber nur sehr wenige Menschen so; denn man braucht dazu Liebe, — nicht Sentimentalität oder Rührung. Liebe ist schwer zu finden. Ein Mensch, der sentimental und gerührt ist, wird im allgemeinen auch grausam sein. So glaube ich also, daß in jedem einzelnen Menschen eine Revolution vor sich gehen muß, wenn wir eine ganz andere, neue Welt herbeiführen wollen; wir müssen frei von allen Aengsten und Dogmen werden, frei von persönlichem Ehrgeiz und allem selbstsüchtigen Handeln. Sicherlich kann erst dann eine neue Welt entstehen.

Frage: Sie verwerfen Disziplin und äußere Ordnung und raten uns, nur unserem inneren Antrieb gemäß zu handeln. Muß das nicht zu der ohnehin großen Unbeständigkeit der Menschen noch beitragen und besonders die heutige Jugend, die nur ihrem Vergnügen nachgeht und sich treiben läßt, dazu ermutigen, ihren Impulsen zu folgen?

KRISHNAMURTI: Ich fürchte, der Fragesteller hat nichts davon begriffen, was wir hier besprechen. Ich rate keinem an, Disziplin aufzugeben. Selbst wenn Sie es einmal versuchten, würde Ihre Umgebung, die Gesellschaft, Ihre Nachbarn, oder Ihr Ehepartner Sie bald genug dazu zwingen, sich zu kontrollieren. Wir erörtern hier das Gesamtproblem ‚Disziplin', und nicht das Aufgeben von Disziplin. Wenn man nämlich das sehr umfangreiche Thema ‚Disziplin' mit allen stillschweigenden Folgerungen voll erfaßt, könnte daraus eine Ordnung entstehen, die nicht mehr auf Zwang oder Furcht beruht.

Eine der Folgen von Disziplin ist doch die Unterdrükkung, nicht wahr? Denken Sie es bitte mit mir zusammen durch und lehnen Sie nicht gleich ab. Ich weiß, Sie alle lieben Disziplin, Gehorsam, Gefolgschaft; aber weisen Sie meine Worte nicht so ohne weiteres zurück. Disziplin schließt Unterdrückung ein, nicht wahr? Ich unterdrücke etwas, das ich gern tue oder mir wünsche, um mich an etwas anderes von höherem Wert anzupassen, — wie zum Beispiel an die Gesellschaft. Solche Unterdrückung kann freiwillig und erfreulich oder auch notgedrungen sein; doch ist sie immer ein Beiseitesetzen oder Verwerfen meiner eigenen Wünsche, und zugleich eine Uebung, mich dem Schema anzugleichen, das die Gesellschaft, ein Lehrer oder die Regierung mit ihren Verordnungen und Gesetzen niedergelegt hat. Weisen wir eine solche Form äußerer Disziplin zurück, so stellen wir unsere eigene Disziplin auf: *das* darf ich nicht tun, jenes ist falsch; dies ist richtig, gut und edel; wenn ich einen häßlichen Gedanken habe, muß ich ihn unterdrücken; ich muß mich kontrollieren, ich muß beständige Wachsamkeit üben.

Wo bewußt oder unbewußt Anpassung, Disziplin und Unterdrückung herschen, da ist ein unaufhörlicher Kampf im Gange, mit dem wir alle vertraut sind, nicht wahr? Ich sage hiermit nichts Neues; wir untersuchen nur, was tatsächlich vor sich geht. Wenn ein Mensch beständig unter einem Zwang steht, wenn er sich dauernd anzupassen sucht, aber unterdrückt wird, muß er schließlich in allerlei chaotische Handlungen ausbrechen, und das geschieht denn auch.

Um ein anderes Beispiel zu nehmen: man diszipliniert sich, um etwas Erstrebenswertes zu erlangen. Die sogenannt religiösen Menschen, die Idealisten disziplinieren sich, weil sie ein Ideal in der Ferne sehen und es zu erreichen hoffen. Der Idealist oder Utopist, der immer an die Zukunft denkt und dort sein Ideal verankert, versucht beständig, sich dem anzugleichen, was er sein möchte. Was in ihm selber vorgeht, versteht er nicht; er beschäftigt sich nur mit dem, was er sein möchte. Das ‚möchte' ist sein Schema, und er ist dauernd bemüht, sich ihm anzupassen; denn er hofft, darin mehr Glück und Seligkeit und die Entdeckung der Wahrheit oder Gottes zu finden.

Ist es also nicht wichtiger zu untersuchen, *warum* unser Verstand sich diszipliniert, als nur zu sagen, er solle es unterlassen? Ich behaupte, es würde eine ganz andere Art Ordnung herrschen, — weder Disziplin noch Zwang, — wenn man verstünde, warum der Mensch mit Hilfe von Disziplin nach Sicherheit strebt. Schließlich diszipliniert man sich, um nicht gefährdet zu werden. Ist das im Grunde nicht so? Man möchte sowohl in dieser Welt wie im Jenseits gesichert sein, — wenn es ein Jenseits gibt. Auf der Suche nach Sicherheit muß man sich anpassen, und Anpassung bedeutet Disziplin. Man sucht nach einem Meister oder Lehrer und diszipliniert sich; man meditiert, unterdrückt und zwingt sich in einen bestimmten Rahmen. So wird das Bewußtsein und damit das ganze Leben verkrüppelt.

Wenn man nun nicht nur oberflächlich, sondern sehr gründlich die innere Bedeutung der Disziplin erfaßt, — daß sie nämlich den Verstand zur Anpassung zwingt wie ein Soldat dazu gezwungen wird, — dann kann man sehen, daß der Mensch, der sich lediglich einem (noblen oder unwürdigen) Schema angleicht, niemals frei ist und niemals die Wahrheit verstehen wird. Das bedeutet jedoch nicht, daß man tun und lassen kann, was man will. Tut man, was man will, so findet man schnell genug heraus, daß sich am Ende nur Schmerz und Kummer einstellen. Nimmt man jedoch das Problem in seiner umfassenden Gesamtheit wahr, dann kann man erleben, daß unmittelbares Verständnis ohne Zwang oder Unterdrückung eintritt.

Da wir alle geschult und dazu erzogen werden, uns anzupassen und zu unterdrücken, erschreckt uns der Gedanke an Freiheit; denn wir fürchten, wir könnten in Freiheit etwas Böses tun. Durchschaut man jedoch die Schablone der Disziplin, — nämlich das Anpassen in der Absicht, etwas zu erreichen, zu gewinnen oder sich zu sichern, — dann gelangt man zu einem ganz anderen Vorgang der Wahrnehmung, bei dem weder Unterdrückung noch Anpassung mehr nötig sind.

Frage: Was geschieht nach dem Tode? Und glauben Sie an Reinkarnation?

KRISHNAMURTI: Dies ist eine sehr komplizierte Frage, in die man tief eindringen muß, um sie zu verstehen. Es ist ein Problem, das jeden Menschen berührt, ob er jung oder alt ist, ob er in Rußland lebt, wo man nicht an ein Jenseits glaubt, oder in Indien oder hier im Westen, wo man wohl daran glaubt. Es erfordert sehr gründliches Forschen und ist nicht durch das bloße Annehmen oder Ablegen eines Glaubens zu lösen; daher möchte ich es mit Ihnen zusammen durchdenken. Der Tod ist das unvermeidliche Ende für alle, und wir wissen es. Mögen wir auch vernunftmäßige Erklärungen suchen oder mit Hilfe unseres Glaubens an Wiedergeburt, Auferstehung oder sonst etwas der Ungeheuerlichkeit des Ungewissen, Unbekannten zu entfliehen suchen, — die Furcht davor besteht. Es ist unvermeidlich, daß ein Mechanismus, ein Organismus sich abnutzt; jede Maschine nutzt sich ab, das wissen wir.

Hier liegt indessen nicht unser Problem. Denn wir haben alle erlebt, wie Krankheit und Alter kommen und die Menschen dahinraffen; dem beugen wir uns, wir sagen: ‚Ja, es ist so' und erkennen es an. Unser wahres Problem geht viel tiefer. Wir fürchten uns davor, alles zu verlieren, was wir gewonnen, verstanden und gesammelt haben; wir fürchten uns davor, nicht zu sein, wir fürchten uns vor dem Unbekannten. Man hat gelebt, gelernt, gesammelt, erfahren und gelitten; man hat seinen Geist gebildet und sich diszipliniert; ist *das* nun das Ende von allem? Man denkt nicht gern daran, daß es das Ende ist. Deshalb spricht man von einem Jenseits, von der Fortdauer des Lebens, — entweder auf dieser Ebene oder woanders. Und so entsteht die trostreiche Theorie der Wiedergeburt.

Für mich bedeutet sie aber nichts; denn der Glaube an eine Idee, — auch wenn sie tröstend und wertvoll ist, — kann unmöglich zum vollen Verständnis des Todes führen. Der Tod ist natürlich etwas Unbekanntes, etwas völlig Neues, — er muß es sein. Er muß etwas bleiben, was ich nicht kenne, wie sehr ich mich auch bemühe, ihn zu untersuchen und zu erforschen. Ich kenne nur die Vergangenheit und ihre Fortsetzung durch die Gegenwart in die Zukunft; das ist nämlich mein Gedächtnis, das sich mit meinem Haus, meiner Familie, meinem Namen, meinen Erwerbungen, Tugenden, Kämpfen und Erlebnissen identifiziert, — das ist mein ‚Ich'. Man will sein Ich gern fortleben lassen; oder man sagt, wenn man seines Ich überdrüssig ist: ‚Gott sei Dank, alles Leben endet einmal'. So aber kann das Problem ebensowenig gelöst werden.

Wir müssen also tiefer in die Frage eindringen. Was man über Reinkarnation *glaubt* oder nicht glaubt, hat nichts mit der Wahrheit an sich zu tun; aber vielleicht können wir wirklich herausfinden, was Tod ist, — nicht, was nach dem Tode geschieht. Es wäre nämlich denkbar, daß Leben ein Vorgang des Absterbens ist. Warum machen wir immer die Teilung zwischen Leben und Tod? Offenbar weil wir das Leben für einen Vorgang des Ansammelns und Fortbestehens halten und den Tod für das Aufhören und Vernichten all dessen, was wir vollbracht haben. So trennen wir Leben und Tod. Vielleicht ist es aber ganz anders; vielleicht ist es nur ein Vorgang, den wir nicht kennen, — etwa wie leben und jeden Augenblick sterben. Wir kennen nichts anderes als eine Art Fortdauer: das, was ich gestern war, heute bin und morgen wieder sein werde. Hieran klammern wir uns und fürchten uns vor dem, was wir Tod nennen.

Könnte aber unser lebendiger Geist Kenntnis vom Tode bekommen? Verstehen Sie das Problem? Ich meine nicht: ‚was geschieht nach dem Tode', sondern ich frage: ‚Kann ein lebender Mensch, der nicht krank, sondern völlig bei sich und seiner selbst bewußt ist, den Zustand erfahren, den er Tod nennt?' Mit anderen Worten, wissen wir wirklich, was Leben ist? Denn Leben könnte auch ein Sterben sein in dem Sinne, daß wir nichts als Gedächtnis sind. Bitte, folgen Sie diesen Gedanken, dann werden Sie vielleicht erkennen, wie ungeheuer viel in dem Begriff Tod miteingeschlossen liegt. Wir leben auf dem Gebiet des Bekannten, nicht wahr? Und das Gebiet des Bekannten umfaßt alles, womit ich mich identifiziert habe: meine Familie, mein Vaterland, meine Erfahrungen, meine Arbeit, meine Freunde, meine Tugenden, Eigenschaften und alle Bücher und Dinge, die ich gesammelt habe, — kurz, alles, was mir bekannt ist. Mein Sinn ist das Ergebnis der Vergangenheit; er *ist* die Vergangenheit und ist erfüllt von Bekanntem. Könnte er sich aber von allem Bekannten befreien? Mit andern Worten, könnte ich für alles, was ich gesammelt habe, aufhören zu leben, — nicht erst wenn ich alt und gebrechlich bin, sondern jetzt? Kann ich heute, während ich noch Lebenskraft, Klarheit und Verständnis besitze, für alles, was ich je gewesen bin, was ich noch sein werde oder glaube, sein zu müssen, aufhören zu leben? Das heißt, kann ich allem Bekannten, jedem einzelnen Augenblick gegenüber sterben? Kann ich den Tod herausfordern, kann ich das Haus des Todes betreten, während ich noch am Leben bin?

Es wird nur dann möglich sein, wenn man sich von allem Bekannten freimacht, von allem, was man angesammelt hat, was man ist und zu sein glaubt. All das muß völlig zu bestehen aufhören. Gibt es dann aber eine Trennung zwischen Leben und Sterben, — oder ist es nur eine vollkommen andere Einstellung des Geistes?

Ich fürchte, Sie werden den tieferen Gehalt dessen, was ich sage, nicht erfassen, wenn Sie nur mechanisch meinen Worten folgen. Doch wenn Sie wollen, können Sie selber erfahren, daß das Leben in jedem Augenblick einen Vorgang des Sterbens und der Erneuerung darstellt. Denn sonst lebt man nicht voll. Sonst verharrt man nur in einem Geisteszustand auf bekanntem Gebiet, und das bedeutet Routine und Langeweile. Man lebt nur dann voll, wenn man bewußt und intelligent für alles, was man gewesen ist, für alles von gestern sterben kann. Erst dann ändert sich das Problem des Todes vollkommen. Vielleicht besteht es überhaupt nicht mehr. Vielleicht gibt es einen Geisteszustand ohne Zeitbegriff. Zeit besteht nur, wenn man sich mit dem Bekannten identifiziert. Und solange der Sinn mit Bekanntem beladen ist, fürchtet man sich vor dem Unbekannten. Was man auch tun mag, welche Glaubenssätze, Dogmen oder Hoffnungen man hegt, — alles ist auf Furcht begründet. Und solche Furcht zerstört das Leben.

6

Es kommt mir so vor, als ob die ganze Welt danach strebt, den menschlichen Geist zu beeinflussen. Die Welt, die wir geschaffen haben, die psychologische Welt unserer Beziehungen, die Welt, in der wir leben, — wir haben sie zu dem gemacht, was sie ist; und nun will sie ihrerseits uns beherrschen, unser psychologisches Wesen, unser Denken und Handeln formen. Man kann beobachten, wie alle Organisationen hinter dem Menschen her sind: sie alle wollen seinen Geist einfangen, ihn bilden und nach einem bestimmten Muster formen. Die Autoritäten — und nicht nur die kommunistischen, die den Menschen so kraß in jeder Hinsicht einengen, sondern auch die organisierten Religionen in der ganzen Welt — trachten seit Jahrhunderten danach, alles menschliche Denken in eine Form zu gießen. Jede Gruppe, sei sie religiös, weltlich oder politisch, versucht, den Menschen im Rahmen dessen zu halten, was ihre Bücher, ihre Führer oder ein paar Machthaber für ihn für richtig halten. Sie glauben, daß sie die Zukunft kennen, und sie glauben auch zu wissen, was am Ende gut für ihn sei. Die Geistlichen, Machthaber der sogenannt religiösen Autorität, ebenso wie die der weltlichen Autorität, — sei es nun in Moskau, Rom, in Amerika oder woanders, — streben alle nach der Kontrolle über das menschliche Denken, nicht wahr? Und wir sind irgendwie begierig, alles anzunehmen und uns willig zu fügen. Es gibt nur sehr wenige, die den Klauen der organisierten Kontrolle über den Menschen und sein Denken zu entrinnen vermögen.

Es erscheint mir indessen keine Lösung für die Verwicklungen unseres Lebens, unseres elenden, katastrophalen Daseins zu sein, wenn wir uns nur von *einem* Schema — sei es dem der Linken oder der Rechten oder einem religiösen — losmachen und versuchen, unsere eigene Schablone an dessen Stelle zu setzen. Ich glaube, die grundlegende Lösung liegt woanders. Wir sind alle auf der Suche, —

tastend und blind treten wir Organisationen und Gruppen bei, schließen uns Gesellschaften an, folgen Führern oder suchen nach einem Meister in Indien, — immer in der Hoffnung, uns von unserem engen, begrenzten Dasein loszureißen, doch stets innerhalb eines Schemas gefangen. Niemals scheinen wir uns von der Schablone zu entfernen, — der auferlegten oder der selbst-geschaffenen, der eines Führers oder einer Religion. Wir nehmen jede Autorität blindlings an und hoffen, irgendwie durch die Dunkelheit unseres eigenen Strebens, unserer Kämpfe und Leiden hindurchzubrechen. Aber kein Führer, keine Autorität kann den Menschen je befreien. Ich glaube, die Geschichte hat es bewiesen; und Sie wissen es hier in diesem Lande nur zu gut, vielleicht besser als alle andern.

Wenn also eine neue Welt geboren werden soll, — was geschehen muß, — scheint es mir außerordentlich wichtig, daß man das Problem ‚Autorität' voll zu verstehen sucht. Autorität wird von außen durch die Gesellschaft, durch Gesetze oder eine Gruppe von Menschen auferlegt; sie glauben zu wissen, was für die Menschheit gut sei, und versuchen, sie durch jegliche Form von Zwang einschließlich der Folter zur Anpassung an ihr Schema zu treiben. Wir folgen solchen Menschen so leicht, weil wir in unserem eigenen Dasein unsicher und verwirrt sind, weil wir eitel und arrogant sind und nach der Macht streben, die sie uns anbieten. Wie kann man sich aber von all dem losreißen? Ich fühle, daß es nötig ist. Können wir uns in unserem Innern von *aller* Autorität befreien? Vielleicht hat man schon die Autorität anderer abgelegt, hält aber unglücklicherweise an der Autorität seiner eigenen Erfahrungen, seines Wissens und Denkens fest und läßt sich von ihr leiten; doch im Grunde ist alles dasselbe. Solange man den Wunsch hat zu folgen, nachzuahmen oder sich anzupassen, und hofft, dadurch etwas zu erreichen, werden Elend und Kampf, Unterdrückung und Vereitlung unseres Strebens bestehen bleiben. Ich glaube nicht, daß wir uns klar genug über die Notwendigkeit sind, alle Autorität, allen Zwang zur Gefolgschaft innerlich wie äußerlich ablegen zu müssen. Und ich halte es für äußerst wichtig, es psychologisch, das heißt von innen her, zu verstehen. Denn in der Welt, in der wir leben, unser Dasein führen und kämpfen, werden wir niemals das andere, Größere finden. Ohne Zweifel müssen wir uns von dieser Welt losmachen, wenn wir eine vollkommen andere Welt finden wollen. Und das bedeutet einen wirklich grundlegenden Wandel in unserem Leben, in unserer Handlungs- und Denkweise wie in unserem Gefühlsleben. Doch wir kümmern uns so gar nicht um unser Denken, Fühlen und Handeln. Wir interessieren uns nur dafür, was wir glauben oder nicht glauben, wem wir folgen oder nicht folgen sollen, ob unsere Gesellschaft oder politische Partei die rechte sei und mehr Unsinn dieser Art. Niemals sind wir tief in unserm Innern mit einer grundlegenden Aenderung unseres Lebenswandels, unseres täglichen Lebens, unserer Redeweise oder der Empfindsamkeit unseres Denkens in bezug auf andere beschäftigt; das alles berührt uns nicht. Wir pflegen unseren Intellekt und haben ungeheures Wissen; aber innerlich bleiben wir uns gleich: ehrgeizig, grausam, gewalttätig, neidisch, in der ganzen Kleinlichkeit, deren unser Sinn fähig ist. Können wir uns *davon* freimachen, wenn wir es erkennen? Ich glaube, das ist das einzig wirkliche Problem. Und ich glaube auch, daß wir, wenn wir uns von unserem kleinlichen Geist befreien, die wahren Lösungen für unsere wirtschaftlichen, sozialen wie alle anderen Probleme finden werden.

Mir erscheint es so über die Maßen unreif, wenn man ohne Verständnis, ohne tiefes und wesentliches Erforschen seiner kleinlichen Gesinnung, seines oberflächlichen und beschränkten Denkens und Fühlens nur Gesellschaften beitritt und Führern nachfolgt, die bessere Gesundheit, bessere wirtschaftliche Bedingungen und so weiter versprechen; denn innerlich bleibt man sich gleich, — voller Aengste, die vielleicht abgewandelt oder auf eine andere Ebene verschoben werden, aber immer Aengste bleiben; voller Hemmungen und selbstsüchtiger Handlungen. So werden wir immer innerlich arm bleiben, bis wir das ändern, auch wenn wir sozialen Wohlstand, die allerbeste Gesetzgebung und Ordnung, einen Wohlfahrtsstaat und alles mögliche andere einführen.

Wie kann sich unser Sinn hiervon befreien? Ich weiß nicht, ob Sie je darüber nachgedacht haben und ob es überhaupt ein Problem für Sie ist. Vielleicht interessieren wir uns nur für bessere Lebensbedingungen, eine bessere Ordnung, für Umgestaltung, nicht aber für den grundlegenden, radikalen Wandel im Denken des Menschen. Der Kernpunkt des Problems scheint mir darin zu liegen, ob die wesentliche Aenderung durch äußere Umstände, durch äußerlichen Zwang oder aus einer vollkommen anderen Richtung kommt. Wenn wir uns auf Zwang von außen, auf eine soziale Ordnung infolge von Erziehung und angesammeltem Wissen verlassen, wird unser Leben weiter oberflächlich bleiben. Dann werden wir zwar über sehr viele Dinge eine Menge erfahren, werden alle möglichen Autoritäten anführen und uns sehr gelehrt ausdrücken können, doch wir werden oberflächlich bleiben und weiter Schmerz, tiefe Not, große Furcht und Unsicherheit in uns tragen. Bei dem Druck und Einfluß von außen gibt es keinen grundlegenden Wandel; er kann nur aus einer ganz anderen Richtung kommen.

Hierüber möchte ich jetzt noch einmal kurz sprechen; denn in meinen anderen fünf Vorträgen habe ich bereits sehr viel darüber gesagt. Mir scheint es das *einzige* Problem zu sein. Da wir so verwirrt, beschränkt und kleinlich sind, muß all unser Denken und Handeln wie unser Begriff von Wahrheit, Gott, Schönheit oder Liebe notgedrungen auch kleinlich, verworren und beschränkt sein. Ein verwirrter Mensch kann nur in verworrenen Begriffen denken. Ein kleinlicher Sinn kann sich niemals vorstellen, was Gott oder Wahrheit ist; trotzdem beschäftigt er sich damit. Daher halte ich es für so wichtig zu untersuchen, ob man sich ohne jeden Zwang, ohne Beweggrund umformen kann; denn im Augenblick, da Zwang eintritt, ist man bereits dabei, sich anzupassen. Jeder Antrieb zu einer Wandlung ist aber selbst-ersonnen, und damit wird die Veränderung ein Ergebnis selbstsüchtigen Handelns.

Ich bin der Ansicht, daß hier das wirkliche, fundamentale Problem liegt, das man anpacken und bis ins Letzte verfolgen muß, — nicht aber den Unsinn, wem man folgen solle, wer der beste Führer sei und so weiter.

Die Frage ist die: kann man ohne jeden Zwang oder Antrieb einen Wandel in seinem Sinn herbeiführen? Da jeder Beweggrund notwendigerweise das Ergebnis eines selbstsüchtigen Verlangens darstellt, ist er selbst-einschließend und wird den Geist weder befreien noch umwandeln. Kann man sich von allem Einfluß und Antrieb losreißen? Und ist nicht der Vorgang des Sich-Loslösens bereits Umwandlung? Können Sie dem folgen, was ich sage? Sehen Sie, wir müssen unsere Welt aufgeben, wenn wir eine andere finden wollen. Wir müssen die Welt voller Autorität, Macht, Einfluß, Beschränkung, Furcht, Ehrgeiz und Neid fahren lassen, sie muß in uns absterben. Unsere Welt, in der wir gefangen sind, muß ohne Zwang und ohne Beweggrund von uns gehen; denn jede Motivierung wäre nichts als Umformung desselben Etwas.

Ich glaube, das bloße Betrachten, das bloße Verstehen des Problems an sich bringt die Antwort. Denn wenn ich mir sage: ich bin als menschliches Wesen ein Ergebnis von zahllosen Einflüssen, gesellschaftlichen Vorschriften und religiösen Eindrücken, dann erkenne ich, daß trotz meines Strebens nach einer höheren Wirklichkeit als der, die man mich gelehrt hat, mein Suchen auf nichts anderem als meinem zwangsläufigen Wissen begründet und daher durch meine Erziehung und die Einflüsse meiner Umgebung bedingt ist. Kann ich je frei von dem allen werden? Ich kann es nur, wenn ich meine Bedingtheit kenne; das heißt, wenn ich weiß, daß ich eigentlich nicht ein menschliches Wesen bin, sondern ein Hindu, ein Katholik, ein Deutscher, Protestant, Kommunist oder Sozialist; mit einer solchen Aufschrift werde ich geboren, und sie bleibt an mir haften bis an mein Lebensende. Ich werde in eine Religion hineingeboren, sterbe in ihr und glaube, ich habe Gott oder die Wirklichkeit verstanden; während tatsächlich nichts anderes als die Bedingtheit meines Geistes oder die Aufschrift übrig geblieben ist. Wäre es nun denkbar, daß ich als menschliches Wesen all das ablege, und zwar ohne jeden Zwang?

Meiner Ansicht nach ist es sehr wichtig zu verstehen, daß jede Anstrengung, die man macht, um von seiner Bedingtheit frei zu werden, nur eine andere Form von Bedingtheit ist. Wenn ich versuche, mich vom Hinduismus, Buddhismus, Kommunismus oder was es auch sei, zu befreien, tue ich es in der Absicht, ein Ergebnis, einen anderen Status zu erlangen; daher wird mein Beweggrund die Veränderung bedingen. Ich muß also meine Bedingtheit erkennen und *darf nichts mehr tun.* Und das ist sehr schwer. Wenn ich indessen weiß, daß ich kleinlich, beschränkt und verwirrt bin, sehe ich auch, daß alle Veränderung auf dem Gebiet der Verwirrung liegt, und daß jede Anstrengung oder Handlung nur noch mehr Verwirrung zur Folge haben muß.

Ich hoffe, daß ich mich hier deutlich ausdrücke. Wenn man voller Verwirrung ist, — und die meisten Menschen *sind* es, — wird alles Denken, Handeln und Wählen, einschließlich der Wahl eines Führers, auch verworren sein. Aber was geschieht, wenn man seine Verwirrung erkennt? Was geschieht, wenn man weiß, wenn man sich dessen voll bewußt wird, daß jede Anstrengung aus Verwirrung heraus nur noch mehr Verwirrung bringen muß? Wenn man es sich grundlegend und tief klar macht, kann man einen ganz anderen Vorgang am Werke sehen: dann sieht man keine Anstrengung mehr, kein Verlangen nach Durchbruch, sondern das *Wissen* um die eigene Verwirrung und damit das Aufhören allen Denkens.

Ich fürchte, es wird sehr schwer verständlich sein; denn wir sind so fest davon überzeugt, daß wir mit unserem Denken, unserem Erklärungsvermögen, unserer Logik, unserer Urteilskraft, unserem gesunden Menschenverstand alle Probleme lösen können. Wir haben aber niemals unseren Denkvorgang an sich untersucht. Wir halten es für selbstverständlich, daß wir alle Probleme mit unserem Denken lösen werden, doch wir sind nie auf die Frage eingegangen, was unser Denken eigentlich ist. Solange ich Protestant, Katholik oder sonst etwas bin, muß sich mein Denken hierauf gründen und ist demgemäß bedingt; infolgedessen ist meine Antwort auf das Leben auch bedingt. Solange ich in nationalistischen Begriffen als Deutscher, Hindu und so weiter denke und meiner Tradition gemäß handle, muß meine bedingte, beschränkte, kleinliche nationalistische Gesinnung zur Absonderung, zu Elend, Haß und Krieg führen. Daher wird es nötig, daß wir uns einmal mit dem großen Problem des Denkens befassen.

Es gibt keine Freiheit beim Denken; alles Denken ist bedingt. Freiheit kommt erst, wenn ich begreife, daß mein Denken bedingt ist, und mich dadurch von meiner Bedingtheit befreie; das bedeutet aber, daß ich nicht mehr in Begriffen wie Katholik, Hindu, Buddhist, Deutscher und so weiter urteilen darf, sondern überhaupt nicht denke, mich rein beobachtend verhalte und sehr aufmerksam bin. Die wahre Revolution, glaube ich, liegt hier: in dem tiefgehenden Verständnis, daß kein Denken unser Daseinsproblem lösen kann. Damit meine ich aber keineswegs, daß man nun gedankenlos werden sollte, — im Gegenteil! Will man seinen Denkvorgang verstehen, so darf man weder annehmen noch ablehnen, sondern muß angespannt nachforschen.

Wenn aber der Verstand seinen eigenen Denkvorgang erfaßt, tritt eine grundlegende Revolution, eine wesentliche Veränderung ein, die nicht durch bewußte Anstrengung herbeigeführt ist. Es ist eher ein unbewußter Zustand, dem die radikale Wandlung entspringt. Doch die Umwandlung geschieht nicht in der Zeit. Man kann nicht zu sich selber sagen: ‚Sie wird am Ende schon kommen; ich muß daraufhin arbeiten, muß dies oder jenes tun.' Im Gegenteil, sobald man Zeit als einen Faktor der Veränderung einführt, tritt keine Veränderung ein.

Will man das Unermeßliche begreifen, das, was nicht zu unserer Welt gehört, und was der Verstand nicht zusammengesetzt hat, — denn was er zusammensetzt, kann er auch wieder auflösen, — will man in eine ganz andere Welt eindringen, dann muß man zuerst die Welt begreifen, in der wir leben, die wir gestaltet haben und deren Teil wir sind, — die Welt voller Ehrgeiz, Gier, Neid, Absonderung, Begierde, Furcht und Haß. Das bedeutet aber, daß man sich selber in seinem Bewußtsein und in seinem Unterbewußtsein voll verstehen muß. Und das ist nicht so sehr schwer, wenn man erst einmal seinen Sinn darauf richtet. Will man wirklich sein Wesen ganz erforschen, so kann man leicht Entdeckungen machen. Es enthüllt sich in jedem Augenblick und in jeder Art von Beziehung, — wenn man den Autobus besteigt oder eine Taxe nimmt oder zu jemandem spricht. Man kann sehr leicht alles über sich selbst herausfinden, wenn man dem nachgeht.

Das interessiert jedoch die meisten Menschen nicht, weil sie sich ernsthaft darum bemühen und beharrlich untersuchen müßten. Und weil sie so oberflächlich sind, geben sie sich schnell mit Worten wie ‚Gott', ‚Liebe' und ‚Schönheit' zufrieden. Sie nennen sich ‚Christen', ‚Deutsche' oder ‚Hindus' und glauben, damit das ganze Problem gelöst zu haben. All das muß man abwerfen, fallen lassen; und man kann es nur, wenn man anfängt, sich wirklich tief zu erkennen. Nur mit dem Verstehen des eigenen Wesens kann man etwas entdecken, das jenseits aller Grenzen ist.

Es hat keinen Sinn, meine Worte lediglich zu wiederholen oder auswendig zu lernen. Was man wiederholt, hat keine Bedeutung; nur das, was man selber erlebt und direkt versteht. Wenn das nicht geschieht, wird die Welt weiter in Elend und Chaos, in Mühsal und Kummer bestehen bleiben.

Frage: Sie sprechen so oft gegen die Kirche und organisierte Religion. Haben diese nicht viel Gutes in der Welt getan?

KRISHNAMURTI: Ich spreche nicht gegen die Kirche und gegen organisierte Religion, — das liegt bei Ihnen. Ich gehöre keiner organisierten Religion oder Kirche an, weil es für mich keine Bedeutung hat. Ich will nur aufzeigen, daß ein Mensch, der ernsthaft nach dem Wirklichen sucht, all das beiseitesetzen muß; was noch nicht heißt, daß ich angreife. Wenn man angreift, muß man auch verteidigen. Wir wollen hier aber weder angreifen noch verteidigen. Wir versuchen, das Daseinsproblem in seiner Gesamtheit zu verstehen, und dazu gehören auch Kirche und organisierte Religion.

Ich glaube nicht daran, daß eine organisierte Religion dem Menschen hilft, Gott oder die Wahrheit zu finden. Religionen bedingen den Menschen, an Gott zu glauben; genauso wie ein Kommunist bedingt wird, nicht zu glauben; — es ist im Grunde dasselbe, ich sehe keinen großen Unterschied. Der Mensch, der sagt: ‚ich glaube an Gott', weil er von Kindheit an dazu erzogen worden ist, und der Mensch, der sagt: ‚ich glaube nicht an Gott', weil er bedingt worden ist, solchen Unsinn zu wiederholen, — stehen beide auf derselben Ebene. Wer aber selber etwas herausfinden möchte, fängt an zu untersuchen. Er wird keine Autorität, kein Buch, keinen Erlöser blindlings annehmen. Wenn es ihm wirklich ernst damit ist, wenn er es täglich durchdenkt und untersucht, es in seinem Leben verfolgt und zu verstehen trachtet, — dann hat er auf irgendwelche Weise allen Glauben abgelegt. Er ist ein wahrhaft *Suchender* ohne jeden Beweggrund; er ist ganz allein auf einer Entdekkungsreise. Und wenn er findet, bekommt das Leben eine ganz andere Bedeutung für ihn. Vielleicht kann er dann den Menschen helfen, frei zu werden.

Die Frage lautet weiter: «Haben die Religionen nicht viel Gutes getan?» Glauben Sie? Ich glaube, es gibt nur eine einzige organisierte Religion, die den Menschen nicht durch Krieg ins Elend gebracht hat, — und das ist bestimmt nicht das Christentum! Die Christen haben möglicherweise mehr Kriege geführt als irgendeine andere Religionsgemeinschaft, — und stets im Namen des Friedens, der Liebe, Güte und Freiheit. Sie haben hier wahrscheinlich mehr als die meisten anderen Völker unter den Schrecken des Krieges und der Erniedrigung gelitten; — während beide Seiten, stets Gott für sich anforderten. Sie wissen all das selber, auch ohne daß ich es wiederhole.

Ich fürchte, *wir* haben die Welt zu dem gemacht, was sie ist, — wir, Sie und ich, — sie ist nicht von Weisheit, Wahrheit oder Gott erschaffen worden. Ehe wir uns nicht von Grund auf ändern, wird keine organisierte Religion der Menschheit Gutes bringen. Religionen können oberflächliche Verbesserungen herbeiführen oder auf sozialem Gebiet Gutes tun; aber es hat Jahrhunderte gedauert, ehe die Religionen zivilisiert wurden, und es wird ebensolange dauern, bis der Kommunismus zivilisiert ist. Ein wahrhaft ernster Mensch muß von diesen Dingen frei sein; er muß über alle Erlöser und Götter hinausgehen, um das Wahre zu finden.

Frage: Kann Selbsterkenntnis dem Leiden ein Ende bereiten, das offenbar die Ursache für die Wiedergeburt der Seele ist?

KRISHNAMURTI: Ein alter Glaube der Hindus, Buddhisten oder Asiaten lautet: solange man leidet, muß man wiedergeboren werden, bis man einmal aufhört zu leiden. Er sagt, der Mensch müsse zur Erde zurückkehren, müsse wieder und wieder geboren werden und leiden, leiden, leiden, bis er den gesamten Leidensvorgang verstanden habe und ihn verlassen könne.

In gewisser Weise ist es wahr: unser Leben *ist* Leiden. Jahrein, jahraus, von unserer Geburt bis zum Tode ist es nichts als Kampf und Leid, Schmerz, Angst und Furcht. Wir kennen es nur zu gut. Es ist eine Art Fortdauer, dies ewige Leiden, nicht wahr? Ob man zum Leiden wiedergeboren wird, bis man es verstanden hat, ist belanglos. Man *leidet* eben innerhalb der gegebenen Zeit. Könnte man dem wohl ein Ende setzen, — nicht erst irgendwann in der Zukunft, sondern hier und jetzt, wirklich, tatsächlich; und nicht mehr in Zeitbegriffen denken?

Ich halte es durchaus für möglich. Nicht daß Sie meine Worte annehmen sollen, denn bloßes Annehmen hat keinen

Wert. Könnte man nicht selber anfangen zu untersuchen, ob Leiden aufhören kann? Ich spreche hier nicht von physischen Schmerzen, sondern von psychologischem Leiden, obwohl das Verständnis für unseren psychologischen Zustand vielleicht auch dazu beitragen würde, unsere körperlichen Leiden zu lindern oder aufzuheben. *Kann* Leiden ein Ende nehmen? Oder muß der Mensch bis in alle Ewigkeit leiden, — ich meine nun nicht in der christlichen Bedeutung von Hölle und dergleichen Unsinn, sondern im gewöhnlichen Sinne. Schließlich sind fünfzig Jahre Leiden lang genug!

Wenn wir hierauf eingehen, werden wir meiner Ansicht nach finden, daß wir leiden, solange wir nichts über unseren gesamten Daseinsvorgang wissen. Wenn ich — bewußt oder unbewußt — das Wesen, den Vorgang, die ganze Art meines Daseins nicht kenne, muß ich leiden. Schließlich leiden wir aus Unwissenheit und Unkenntnis über uns selber; ich spreche hier nicht nur über die Unkenntnis in bezug auf unsere Fühlung mit anderen Menschen im täglichen Leben, obwohl viel Leid auch daher kommt, sondern über unseren völligen Mangel an Selbsterkenntnis. Ohne Selbserkenntnis wird alles Leiden fortdauern.

Frage: Ist es möglich, das Denken der Menschheit auf rechte Weise mit Meditation und angemessenen Gedanken zu beeinflussen?

KRISHNAMURTI: Ich finde das Verlangen des Menschen, andere beeinflussen zu wollen, eins seiner merkwürdigsten Interessen. Sie tun es alle, nicht wahr? Sie versuchen, Ihren Sohn, Ihre Tochter, Ihren Mann, Ihre Frau, Ihre ganze Umgebung zu beeinflussen, weil Sie glauben, etwas zu wissen, was andere nicht wissen. Das ist eine Form von Eitelkeit.

Was *wissen* Sie denn? Was wissen Sie tatsächlich? Sehr wenig, nicht wahr? Sie mögen große Wissenschaftler sein, viel Tatsachenmaterial gesammelt haben, eine Menge wissen, was in Büchern über Philosophie, Psychologie und so weiter steht, — das ist aber nichts anderes als Gedächtnisgut. Was wissen Sie darüber hinaus? Und Sie wollen andere auf die rechte Weise beeinflussen! Das tun die Kommunisten auch; denn sie glauben, daß sie alles wissen. Sie legen die Weltgeschichte aus, — wie es die Kirche ebenfalls macht; sie alle wollen die Menschen beeinflussen. Das geschieht denn auch zur Genüge, — sie stecken sie in Konzentrationslager, stellen ihnen Fallen wie das Fegefeuer oder den Kirchenbann und so weiter, — und das soll dann ‚Einfluß auf rechte Weise' sein! Diejenigen, die Einfluß ausüben, glauben auch zu wissen, was die rechte Weise sei. Alle haben Macht und die von Gott eingegebene Vision dessen, was wahr ist, — die die Kirche für sich beansprucht, ebenso wie die Kommunisten sie für sich in Anspruch nehmen. Und Sie wollen sich mit ‚rechtem' Denken, wie Sie es nennen, ihnen anschließen!

Zuerst einmal: wissen Sie eigentlich, was Denken ist? Und gibt es überhaupt rechtes Denken, solange der menschliche Geist bedingt ist, solange man sich als Christ oder sonst etwas betrachtet? Die Idee der Beeinflussung anderer Menschen ist bestimmt grundfalsch. Nun könnten Sie mich fragen: «Was tun Sie hier?» Ich versichere Ihnen, daß ich Sie nicht zu beeinflussen suche. Ich zeige bestimmte, einleuchtende Dinge auf, über die Sie vielleicht noch nie nachgedacht haben, — alles weitere steht bei Ihnen. Denn wenn man nach Wahrheit sucht, gibt es weder guten noch schlechten Einfluß. Jede Beeinflussung muß aufhören, wenn man herausfinden will, was wahr ist. Es gibt weder gute noch schlechte Bedingtheit, nur Freiheit von *aller* Bedingtheit. Daher erscheint mir der Versuch, einen andern zu seinem Besten beeinflussen zu wollen, vollkommen unreif und falsch.

Die Frage enthält weiterhin noch das Problem der Meditation. Ich weiß nicht, ob Sie darauf eingehen wollen; es ist sehr kompliziert. Ehe man nicht erkennt, was Meditation ist, und wie man meditiert, hat das Leben keine Tiefe. Ohne Meditation enbehrt das Leben den Duft, Schönheit und Liebe. Meditation ist etwas Gewaltiges und erfordert Wahrnehmung und tiefe Einsicht. Wir wissen und fühlen es gelegentlich. Wenn man sehr still in seinem Zimmer sitzt oder unter einem Baum oder in den blauen Himmel blickt, kann man ein Gefühl von Unermeßlichkeit ohne Grenzen, ohne Vergleich, ohne Erkenntnis bekommen. Und das ist etwas ganz anderes als alles, was man je über Meditation gelernt hat. Vielleicht haben Sie ein paar indische Bücher gelesen, die alle darauf hinweisen, wie man meditieren soll, und deshalb wollen Sie nun die Technik lernen.

Aber gerade das Erlernen einer Technik zum Meditieren bedeutet das Verleugnen aller Meditation, denn sie ist etwas völlig anderes. Sie kann niemals das Ergebnis von Uebung, Disziplin, Zwang oder Anpassung irgendwelcher Art sein. Wenn man sich jedoch bemüht, den Vorgang der Anpassung, des Zwanges oder seines Verlangens nach Leistung und Gewinn zu begreifen, dann wird das *Verstehen* dieses Vorgangs zu einem Teil der Meditation. Selbsterkenntnis ist der Anfang allen Meditierens, — das Wissen um die Wege seines eigenen Denkens und die Fähigkeit, einen Gedanken bis ans Ende zu verfolgen.

Es ist nicht so leicht, einen Gedanken bis an sein Ende zu verfolgen, weil andere Gedanken dauernd dazwischentreten; daher sagen wir, wir müssen lernen, uns zu konzentrieren. Konzentrieren ist aber nicht wichtig; jedes Kind kann es: gib ihm ein Spielzeug, und es konzentriert sich darauf. Jeder Geschäftsmann ist konzentriert, wenn er Geld verdienen will. Die Konzentration, die wir zum Meditieren nötig zu haben glauben, ist in Wirklichkeit nur eine Art Begrenzung, Ausschließung oder Einengung. Wenn man also die Frage stellt: «Wie soll ich meditieren?», ist es nur wichtig, den Grund zu begreifen, warum man nach dem ‚wie' fragt. Und wenn man sich hierein vertieft, wird man entdecken, daß es an sich schon Meditation ist.

Das ist aber nur der Anfang. Beim Meditieren gibt es keinen Denker mit seinem Denken, keinen Verfolger und nichts, was verfolgt wird. Es ist vielmehr ein Seinszustand ohne denjenigen, der etwas erlebt. Um aber so weit zu kommen, muß der Verstand wirklich seinen eigenen Denkvorgang voll erfassen. Denn wenn er ihn nicht versteht, wird er sich wiederum in einer seiner eigenen Vorstellungen, in einer selbst-erschaffenen Vision verfangen; und sich in einer Vision zu verfangen, ist nicht meditieren. Meditation ist der Vorgang, bei dem man sich selber versteht; es ist der Beginn. Selbsterkenntnis bringt Weisheit. Und während der Sinn anfängt, seinen eigenen Denkvorgang zu verstehen, wird er sehr ruhig, sehr still, ohne jedes Gefühl der Bewegung oder des Verlangens. Dann, in solchem Zustand, kann vielleicht etwas Unermeßliches geboren werden.

II

Gespräche in Saanen

1

Ich glaube, wir müssen uns von Anfang an darüber klar werden, weshalb wir hergekommen sind. Diese Zusammenkünfte sollten meiner Ansicht nach sehr ernsthaft genommen werden; und ich gebrauche das Wort in einer ganz besonderen Bedeutung. Für die meisten Menschen besagt Ernsthaftigkeit das Annehmen einer bestimmten Gedankenrichtung, einer besonderen Lebensweise oder das Befolgen eines selbstgewählten Schemas für das Verhalten; und allmählich wird das Schema oder die Lebensart zur Regel, nach der man lebt. In meinen Augen ist das noch keine Ernsthaftigkeit, und ich glaube, es wäre sehr nützlich und vorteilhaft, wenn jeder Einzelne von uns hier versuchen würde herauszufinden, was wir eigentlich für ernst halten.

Vielleicht suchen die meisten Menschen bewußt und unbewußt nach Sicherheit in der einen oder anderen Form: Sicherheit im Besitz, in Beziehungen, in Ideen. Und wir halten solches Streben für sehr ernst. Aber noch einmal: für mich ist das nicht ernsthaft.

Meiner Meinung nach schließt das Wort ‚Ernsthaftigkeit' eine gewisse Läuterung des Denkens ein. Ich gebrauche das Wort ‚Denken' hier in allgemeiner, nicht in besonderer Bedeutung; später werden wir näher darauf eingehen. Ernsthaftes Denken ist beständig aufmerksam und läutert sich dadurch, auch kennt es keinerlei Suchen nach Sicherheit. Man jagt nicht mehr Einfällen nach, gehört keiner besonderen Gedankenrichtung, keiner Religion, keinem Dogma, keiner Nationalität und keinem Lande an, und interessiert sich auch nicht für die unmittelbaren Lebensprobleme, obgleich natürlich für die Dinge des täglichen Lebens gesorgt werden muß. Ist das Denken wirklich ernsthaft, so muß es außerordentlich lebendig und scharf bleiben, damit es keinen Illusionen verfällt, noch sich in Erlebnissen verfängt, die einträglich, lohnend oder rein erfreulich erscheinen mögen.

Es wäre also vernünftig, wenn wir gleich zu Beginn unserer Zusammenkünfte uns klar machen könnten, bis zu welchem

Grade und zu welcher Tiefe wir ernsthaft sind. Ist unser Denken scharf, intelligent und ernst, so glaube ich, können wir das ganze Schema menschlichen Daseins in der Welt betrachten, und von einem derart umfassenden Verständnis zum Besonderen, zum Einzelwesen kommen. Lassen Sie uns einmal das, was sich in der Welt abspielt, als Ganzes betrachten, aber nicht zu unserer Unterweisung oder als Untersuchung eines besonderen Problems, eines Landes, einer bestimmten Sekte oder Gesellschaft – der demokratischen, kommunistischen oder liberalen – sondern lassen Sie uns sehen, was tatsächlich in der Welt geschieht. Und von daher, wenn wir das Ganze überblicken und die Bedeutung der äußeren Ereignisse begreifen – nicht in Form von Wissen oder Meinung, sondern indem wir die Ereignisse tatsächlich sehen – wollen wir zum Einzelwesen übergehen. Auf diese Weise möchte ich gern vorgehen.

Sehen Sie, angesichts einer Tatsache sind Meinung, Urteil und Bewertung vollkommen nutzlos. Was Sie denken, welche Ansichten Sie vertreten, welcher Religion oder Sekte Sie angehören, welche Erfahrungen Sie gemacht haben – all das hat keinen Wert angesichts einer Tatsache. Die Tatsache ist viel wichtiger als Ihr Gedanke über sie; sie hat viel größere Bedeutung als Ihre Ansicht, die sich auf Erziehung, Religion, Ihre besondere Kultur und Bedingtheit gründet. Daher wollen wir uns hier nicht mit Meinungen, Ideen oder Urteilen beschäftigen; wir wollen nach Möglichkeit Tatsachen als solche erkennen. Dazu braucht man aber einen freien Sinn, der der Beobachtung fähig ist.

Haben Sie je über die Frage nachgedacht, was es bedeutet, zu beobachten, zu sehen? Ist das Sehen oder Beobachten nur eine Angelegenheit sichtbarer Wahrnehmung, oder ist es etwas viel Tieferes? Für die meisten Menschen umschließt Sehen nichts als das Unmittelbare: was heute geschieht und was morgen geschehen wird; was aber morgen geschieht, wird vom Gestern gefärbt. Daher ist unsere Betrachtungsweise so kleinlich, so beschränkt und unsere Erkenntnisfähigkeit so begrenzt. Ich habe das Empfinden, daß eine gewisse Freiheit herrschen muß, wenn man Ausschau halten will über Hügel und Berge, über Flüsse und grüne Felder und den Horizont hinaus. Das erfordert unerschütterliches Denken; ist aber das Denken nicht frei, so ist es auch nicht unerschütterlich. Es erscheint mir besonders wichtig, daß wir die Fähigkeit haben zu beobachten – nicht nur das, was wir gern sehen wollen, oder was unsern engen, begrenzten Erfahrungen gemäß erfreulich ist, sondern die Dinge so, wie sie sind. Das Erkennen der Dinge, wie sie sind, wird unser Denken befreien. Es ist tatsächlich etwas ganz Außerordentliches, direkt, einfach und umfassend wahrnehmen zu können.

Nach diesen Allgemeinheiten wollen wir jetzt weitergehen und betrachten, was alles in der Welt geschieht; wahrscheinlich wissen Sie viel mehr darüber als ich, weil Sie Zeitungen und Zeitschriften lesen, deren sämtliche Artikel in Übereinstimmung mit den Vorurteilen der Verfasser, der Schriftleiter oder der Partei geschrieben werden. Für die meisten Menschen ist das gedruckte Wort sehr wichtig. Ich lese zwar keine Zeitungen, bin aber weit gereist und bin sehr vielen Menschen begegnet. Ich war in engen Gassen, wo die Armen leben, und ich habe mit vielen Politikern gesprochen, die sich für so bedeutend halten – dann versteht man schon, was vorgeht. Im Osten gibt es viel Hunger und Elend, Erniedrigung und Armut. Dort sind die Menschen willens, alles zu tun, um eine gute, reichliche Mahlzeit zu bekommen; und darum will man dort die Schranken des Denkens, der Sitte und Tradition einreißen. Dann gibt es das andere Extrem, die Stätten ungeheuren Wohlstands, wie ihn die Welt noch nicht gekannt hat, wo es Nahrung im Überfluß und reichlich Kleidung gibt, und wo die Häuser so sauber und bequem sind wie in diesem Lande. Man kann aber auch bemerken, daß solcher Luxus zu einer gewissen Befriedigung und Mittelmäßigkeit führt, zu selbstverständlicher Hinnahme von Dingen und zu dem Wunsche, nicht gestört zu werden.

Die Welt ist politisch, religiös, wirtschaftlich, wie auch in ihrem Denken und Philosophieren gespalten; Ereignisse spielen sich in der Welt bruchstückhaft ab. Religionen und Regierungen sind darauf aus, das Denken der Menschen zu beeinflußen; sie wollen es kontrollieren, sie wollen die Menschen zu Technikern, Soldaten, Ingenieuren, Physikern oder

Mathematikern ausbilden, denn nur so können sie der Gesellschaft nützen. Organisierte Religionen, zum Beispiel Katholizismus und Kommunismus, verbreiten sich immer mehr. Sie wissen das alles sicherlich selber am besten. Organisierter Glaube formt das Denken des Menschen, sei es nun der organisierte Glaube der Demokratie, des Kommunismus, des Christentums oder des Islams. Bitte, denken Sie über all das nach, und sagen Sie nicht: «Sie vergeuden nur Ihre Zeit mit solchen Wiederholungen.» Das tue ich nicht; denn ich möchte zuerst einmal erkennen, was tatsächlich vor sich geht, und dann, wenn möglich, all das in unserm Innern vollkommen zerstören. Die äußere Bewegung, die wir die Welt nennen, ist nämlich dieselbe Strömung, die sich auch nach innen wendet. Die Welt draußen ist von unserer inneren Welt nicht verschieden; und es hat keinen Sinn, sich nach innen zu wenden, ehe man die Außenwelt verstanden hat. Ich habe das Gefühl, daß es sehr wesentlich ist, die Außenwelt mit ihrer Rohheit und Rücksichtslosigkeit und ihrem gewaltigen Trieb nach Erfolg zu begreifen; und auch, wie stark man danach verlangt, zu etwas zu gehören, oder sich an bestimmte Ideen, Gedanken und Gefühle zu binden. Gelingt es einem, die äußeren Ereignisse, nicht in Einzelheiten, sondern in ihrer Gesamtheit zu erfassen durch unvoreingenommene Beobachtung, ohne Furcht, ohne Sicherheit zu suchen, ohne sich hinter beliebte Theorien, Hoffnungen und Launen zu flüchten, dann bekommt die nach innen gerichtete Bewegung eine ganz andere Bedeutung. Hat die innere Regung die äußere verstanden, dann nenne ich sie Ernsthaftigkeit.

So können Sie sehen, wie in der ganzen Welt das Denken des Menschen geformt und kontrolliert wird – durch die Religionen im Namen Gottes, im Namen des Friedens oder des ewigen Lebens und so weiter; und durch die Regierungen in unablässiger Propaganda, durch wirtschaftlichen Zwang, durch die Arbeit, durch die Erziehung und so fort. So wird man am Ende zu einer bloßen Maschine, allerdings in mancher Beziehung nicht so gut wie etwa ein elektronischer Computor. Man ist mit Wissen angefüllt, was man seiner Erziehung zu verdanken hat. Allmählich wird man mehr und mehr mechanisiert. Man ist entweder Schweizer, Amerikaner, Russe, Engländer oder Deutscher und ist fürs Leben mit einer Schablone gestempelt; und nur sehr, sehr wenige entfliehen diesem Schrecken – vielleicht in eine phantastische Religions- oder Glaubensform.

Das ist also unser Leben, das ist unsere Umwelt, und wenn wir auch gelegentlich einer Hoffnung, einem kurzen Entzükken begegnen, so steht doch hinter allem Furcht, Verzweiflung und der Tod. Wie aber stellen wir uns zum Leben? Mit welcher Denkweise begegnen wir ihm? Verstehen Sie die Frage? Wir nehmen all diese Dinge als unvermeidlich hin, wir passen uns dem Schema an, und langsam aber bestimmt entartet unser Denken.

Das wirkliche Problem lautet also: wie kann man all das zerschmettern – nicht in der Außenwelt, das geht nicht, historische Ereignisse nehmen ihren Lauf. Sie können Chruschtschow oder Kennedy nicht daran hindern, einen Krieg anzufangen. Wahrscheinlich werden Kriege kommen – ich hoffe nicht, aber es ist möglich. Vielleicht nicht hier oder nahebei, darauf wird man schon achten, sondern in einem armen, entfernten, unglücklichen Lande. Daran können wir nichts ändern. Wir können jedoch, glaube ich, in unserm Innern alle Dummheiten, die die Gesellschaft in uns gepflanzt hat, ausreißen; und solche Zerstörung wird zur Schöpfung. Was schöpferisch ist, ist auch immer zerstörend. Ich spreche nicht von der Schöpfung eines neuen Schemas, einer neuen Gesellschaft oder neuen Ordnung, eines neuen Gottes oder einer neuen Kirche. Ich behaupte, daß der schöpferische Zustand zerstörend *ist*. Er schafft keine Schablone für unser Verhalten, keine neue Lebensweise. Ein schöpferischer Sinn kennt kein Schema. Jeden Augenblick kann er wieder zerstören, was er geschaffen hat. Aber nur ein solcher Mensch kann die Probleme der Welt behandeln – nicht der Schlaue oder der Gelehrte oder der, für den es nur sein eigenes Land gibt, oder der, dessen Denken zersplittert ist.

Was uns hier also interessiert, ist das Niederreißen unseres Denkens, damit etwas Neues eintreten kann. Wir werden in diesen Zusammenkünften besprechen, wie man eine Revolution in seinem Denken herbeiführen kann. Eine Revolution *muß* stattfinden; alles von gestern muß vollkommen zerstört werden, sonst können wir das Neue nicht kennen lernen. Das Leben ist immer neu, genau wie die Liebe. Liebe kennt kein Gestern oder Morgen, sie ist ewig neu. Wenn wir jedoch die Sättigung und Befriedigung der Liebe gekostet haben, wollen wir sie in der Erinnerung aufbewahren; wir wollen verehren und stellen dann eine Photographie als Symbol unserer Liebe aufs Klavier oder auf den Kaminsims.

Wenn Sie nun die gleiche, ernste Absicht haben wie ich, können wir auf die Frage eingehen, wie unser stumpfes, müdes, verängstigtes Denken umzuwandeln geht – unser Denken, das von Leid geplagt wird, das solche Verzweiflung, so viele Kämpfe und Freuden kennt, das so alt geworden ist und niemals erfahren hat, was es heißt, jung zu sein. Wenn Sie wollen, können wir das besprechen. Wenigstens möchte ich darauf eingehen, ob Sie wollen oder nicht. Die Tür ist offen, und es steht Ihnen frei, zu kommen oder zu gehen. Sie werden hier nicht als Zuhörer gefangen gehalten; wenn es Ihnen nicht gefällt, ist es besser, nicht zuzuhören; denn wenn Sie etwas hören, was Sie nicht mögen, kann es für Sie zur Verzweiflung und zum Gift werden. Sie kennen also von Anfang an das Vorhaben des Sprechers: wir wollen nichts unversucht lassen, wollen alle geheimen Winkel unseres Denkens öffnen, erforschen und den Inhalt zerstören, damit aus der Zerstörung die Schöpfung von etwas Neuem entstehen kann, das sich vollkommen von jeder Schöpfung unseres Denkens unterscheidet.

Dazu braucht man Ernsthaftigkeit und Eifer. Wir müssen langsam und zögernd, aber unnachgiebig vorgehen. Und vielleicht ganz am Ende – oder gleich zu Anfang, denn beim Zerstören gibt es weder Anfang noch Ende – könnte man das finden, was unmeßbar ist, könnte man plötzlich ein Fenster zum Sehen, ein Tor zum Denken öffnen und das Unnennbare empfangen. Es *gibt* etwas jenseits von Zeit, jenseits von Raum und Grenzen, doch läßt es sich nicht beschreiben oder in Worte fassen. Entdeckt man es nicht, so bleibt das Leben völlig leer und oberflächlich – eine bloße Zeitverschwendung.

Vielleicht können wir jetzt gemeinsam diskutieren und Fragen stellen. Zuerst müssen wir jedoch erklären, was wir unter dem Diskutieren und unter einer Frage verstehen. Auf eine falsche Frage wird man eine falsche Antwort erhalten. Nur auf die rechte Frage bekommt man eine richtige Antwort, und es ist außerordentlich schwer, eine richtige Frage zu stellen. Um richtig zu fragen – nicht nur mich, sondern irgend jemanden oder sich selber – muß man scharfsinnig denken, muß man klug, wachsam, bewußt denken und wirklich etwas herausfinden wollen. Fragen Sie also nichts, was nicht zur Sache gehört. Und lassen Sie uns die Diskussion nicht wie Schuljungen führen: Sie nehmen eine Partei und ich die andere – das paßt in die Universität oder in einen Rednerklub; lassen Sie uns vielmehr erörtern, um etwas herauszufinden, denn das ist die Einstellung des wissenschaftlichen Denkens, das keine Furcht kennt. Dann wird die Diskussion Wert haben; dann kann man fortschreiten und selber entdecken, was wahr und was falsch ist. Dann hört auch die Autorität des Redners auf, denn beim Entdecken gibt es keine Autorität. Nur ein Mensch mit stumpfem, trägem Denken verlangt nach Autorität. Will man jedoch etwas untersuchen, etwas ganz und vollkommen erleben, so *muß* man selber vordringen und es herausfinden. Und ich hoffe, diese Zusammenkünfte werden jedem Einzelnen von uns helfen, selber – und nicht mit den Augen eines andern – zu entdecken, was lohnend, was wahr und was falsch ist.

Frage: Warum ist es für uns schwer, eine richtige Frage zu stellen?

KRISHNAMURTI: Finden Sie es so schwer, eine richtige Frage zu stellen? Oder wollen Sie überhaupt nur eine Frage stellen? Sehen Sie den Unterschied? Sie kümmern sich im Grunde gar nicht darum, ob Sie eine richtige Frage stellen. *Ich* war es, der behauptete, daß nur eine richtige Frage eine richtige Antwort erhalten könne. Sie wollen offenbar nur ein Problem, das Sie bewegt, vorbringen und sind nicht weiter darum besorgt, ob die Frage ‚richtig gestellt' sei. Wollen Sie aber Ihr eigenes Problem verstehen, dann müssen Sie untersuchen, worin es eigentlich besteht, und die bloße Untersuchung Ihres Problems wird zur rechten Frage führen. Verstehen Sie das? Nicht, daß Sie richtige Fragen stellen sollten. Das können Sie nicht, Sie wissen ja nicht wie. Ist aber Ihr Problem eindringlich und haben Sie es studiert, so können Sie nicht umhin, die richtige Frage zu stellen. Im allgemeinen untersuchen wir unsere Probleme nicht, wir betrachten sie nicht aus der Nähe. Wir gleiten an der Oberfläche entlang und fragen von dort aus; aber eine oberflächliche Frage wird nur zu oberflächlicher Antwort führen. Und wir wollen eigentlich nichts anderes hören. Wenn wir uns fürchten, fragen wir: «Wie kann ich mich von der Furcht befreien?» Wenn wir kein Geld haben, fragen wir: «Wie kann ich eine bessere Stellung finden und Erfolg haben?» Gehen wir einmal daran, das Problem ‚Erfolg', wonach jeder Mensch strebt, in seiner Gesamtheit zu untersuchen und zu durchdringen, wollen wir wissen, was es bedeutet, woher dieser Drang kommt und warum man sich so davor fürchtet, keinen Erfolg zu haben – und ich hoffe, wir werden auf all das eingehen – dann *muß* gerade das Eindringen in das Problem zu der richtigen Frage führen.

Frage: Was hindert uns daran, in ein Problem tief einzudringen?

KRISHNAMURTI: Was uns davon abhält? Eine Menge Dinge, nicht wahr? Wollen Sie wirklich so tief auf das Problem der Furcht eingehen? Wissen Sie, was das bedeutet? Es heißt, in jeden Winkel seines Denkens einzudringen, jede Form von Schutz oder Ausflucht, wohin sich das Denken geflüchtet hat, einzureißen. Wollen Sie das tatsächlich tun, wollen Sie sich so preisgeben? Bitte, sagen Sie nicht schnell ‚Ja'. Es bedeutet, so vieles aufzugeben, woran Sie noch festhalten. Es könnte bedeuten, daß Sie Ihre Familie, Ihre Stellung, Ihre Kirche, Ihre Götter und alles andere aufgeben müssen. Nur sehr wenige sind dazu bereit. Daher fragt man oberflächlicherweise, wie man sich von Furcht befreien soll, und glaubt, damit das Problem gelöst zu haben. Oder man fragt, ob es einen Gott gäbe – stellen Sie sich nur die Dummheit einer solchen Frage vor! Will man herausfinden, ob es einen Gott gibt, so muß man doch zuerst *alle* Götter aufgeben, nicht wahr? Man muß sich völlig entblößen, um es entdecken zu können; alle dummen und törichten Dinge, die der Mensch in bezug auf Gott aufgebaut hat, müssen ausgebrannt werden. Es bedeutet, furchtlos zu sein und allein zu wandern; aber nur sehr wenige sind dazu bereit.

Frage: Es ist recht schmerzhaft, auf ein Problem einzugehen?

KRISHNAMURTI: O nein, es ist schwer, aber nicht schmerzhaft. Sehen Sie, da gebrauchen Sie das Wort ‚schmerzhaft', und sogleich hindert Sie das bloße Wort daran, auf das Problem einzugehen. Deshalb müssen wir zuerst einmal, wenn wir ein Problem behandeln wollen, zu verstehen suchen, wie unser Denken den Worten versklavt ist. Bitte, hören Sie gut zu. Wir sind Sklaven der Worte. Ein Schweizer zum Beispiel ist beim Worte ‚Schweiz' entzückt, genau wie ein Christ beim Worte ‚Christus' oder ein Engländer bei dem Wort ‚England'. Wir sind Sklaven unserer Worte, Symbole und Ideen: wie aber können wir mit solchem Denken ein Problem anpacken? Bevor man anfangen kann, muß man doch zuerst wissen, was ein Wort bedeutet. Es ist nicht gerade eine leichte Aufgabe, es erfordert einen Sinn, der vollkommen versteht und nicht mehr stückhaft denkt.

Sehen Sie, ein Problem ist an sich einfach. Es gibt viel Hungersnot in der Welt – wahrscheinlich nicht so sehr in der Schweiz oder Europa; aber Sie haben keine Vorstellung von der Armut im Osten, von dem Hunger, der Entwürdigung und dem Schrecken dort. Das Problem wird nicht gelöst, weil jeder es nach seinem Schema lösen will – dem kommunistischen oder demokratischen oder dem Schema der eigenen Nationalität. Man geht in stückhafter Weise an das Problem heran und wird es darum nie lösen. Es kann nur gelöst werden, wenn man es auf umfassende Weise, ohne Rücksicht auf Nationalität, Parteipolitik und den ganzen übrigen Unsinn anpackt.

Frage: Um das Unglück in der Welt zu bekämpfen, braucht man also Ordnung?

KRISHNAMURTI: Einen Augenblick. Wollen wir wirklich Ordnung in der Welt? Bitte, denken Sie einmal nach. Schließlich bieten die Kommunisten auch Ordnung. Zuerst wird Unruhe, Leid und Verwirrung gestiftet und dann Ordnung herbeigeführt – gemäß einem bestimmten, ideologischen Schema. Wollen Sie denn Ordnung in Ihrem Leben? Bitte, denken Sie doch darüber nach.

Frage: Welchen Preis werden wir dafür zahlen müssen?

KRISHNAMURTI: Das ist nicht unser Problem. Sie können Ordnung haben, müssen aber den Preis dafür zahlen durch militärische Diktatur, durch die Unterwerfung Ihres Geistes, durch Anpassung an Autorität und so weiter. Sie zahlen auch den Preis, wenn Sie einer bestimmten Gruppe oder religiösen Gemeinschaft angehören, nicht wahr? Wenn Sie Jesus oder Mohammed oder jemand anderem in Indien folgen, entsteht ebenfalls Ordnung – diesen Preis haben Sie jahrhundertelang gezahlt. Wollen Sie also Ordnung? Denken Sie bitte darüber nach und versuchen Sie, alle stillschweigenden Folgerungen zu erkennen. Oder könnte vielleicht bei der bloßen Tätigkeit des Lebens, das zerstörend wirkt, Ordnung *entstehen?*

Frage: Zweifellos ist die Furcht eins unserer größten Hindernisse und steht dem Fortschritt im Wege. Aber wir können doch nicht gleich am Anfang alles einreißen. Sollten wir uns nicht im Augenblick mit halbrichtigen Maßnahmen begnügen?

KRISHNAMURTI: Sie sagen, es sei zu schwer für Durchschnittsmenschen wie uns, alles einzureißen, um sich von der Furcht zu befreien; und fragen, ob es nicht einen leichteren, langsameren Weg gäbe. Ich fürchte nicht. Sehen Sie, Sie haben die Worte ‚Fortschritt' und ‚Furcht' gebraucht. Äußerer Fortschritt erzeugt Furcht, nicht wahr? Je mehr man hat, je mehr Autos, Badezimmer, Reichtümer, desto mehr fürchtet man sich, alles zu verlieren. Bemüht man sich aber um das Verständnis seiner Furcht, dann wird das Denken nicht mehr durch Fortschritt befriedigt und abgestumpft werden. Gibt es nun inneren Fortschritt? Für mich nicht. Es gibt nur unmittelbares Erkennen, und um unmittelbar zu erkennen, darf unser Denken nicht träge sein. Nein, stimmen Sie mir bitte nicht zu, denn es ist recht schwierig. Folgen Sie nur dem, was ich sage. Um etwas klar zu erkennen, was stets augenblicklich geschieht, muß unser Verstand die Fähigkeit zum Wählen verlieren. Will man die Dinge so, wie sie sind, unmittelbar sehen, dann muß man aufhören, zu tadeln, zu bewerten und zu verurteilen. Dazu ist weder Fortschritt noch Zeit nötig. Bei einer Gefahr *sehen* Sie etwas unmittelbar, Ihre Reaktion ist augenblicklich. Dabei gibt es keinen Fortschritt. Und sobald Sie etwas mit Ihrem ganzen Wesen lieben, findet unmittelbare Wahrnehmung statt.

Frage: Um aber die Möglichkeit unmitelbarer Wahrnehmung zu erreichen ...

KRISHNAMURTI: Aber bitte; sehen Sie, das Wort ‚erreichen' schließt schon wieder Zeit ein, Zeit und Entfernung. Und unser Denken ist wiederum Sklave des Wortes ‚erreichen'. Erst wenn wir uns von den Worten ‚erlangen', ‚erreichen', ‚Erfolg haben' befreien, kann unmittelbare Wahrnehmung stattfinden.

2

Ich halte es für sehr wichtig, besonders während dieser Diskussionen, zu untersuchen, wie wir zuhören. Wenige Menschen hören *zu*, meistens hören wir nur. Wir hören oberflächlich, wie zum Beispiel das Geräusch draußen auf der Straße, und von solchem Hören geht nur sehr wenig in unser Gehirn ein. Was wir rein oberflächlich hören, werfen wir beim geringsten Anlaß wieder ab. Es gibt aber eine andere Art Zuhören, wobei unser Gehirn ohne Anstrengung aufmerksam, interessiert, ernsthaft ist und herausfinden möchte, was wahr und was falsch ist; wobei es keine Meinung und kein Urteil vorbringt, noch das, was es hört, übersetzt oder mit dem vergleicht, was es schon weiß. Nehmen Sie ein Beispiel: heute ist es Mode, sich für Zen Buddhismus zu interessieren, es ist eine Manie geworden. Wenn Sie nun während dieser Gespräche versuchen, das gesprochene Wort mit dem, was Sie gelesen haben, zu vergleichen, so hören Sie überhaupt nicht zu, nicht wahr? Dann vergleichen Sie nur, und Vergleich ist eine Art Faulheit. *Hören* Sie dagegen *zu*, ohne daß Sie das, was Sie gelernt, gehört oder gelesen haben, dazwischentreten lassen, so hören Sie unmittelbar und reagieren direkt, ohne jedes Vorurteil. Dann erkennen Sie Wahrheit oder Falschheit in dem gesprochenen Wort, und das ist viel wichtiger, als nur zu vergleichen, zu bewerten oder zu beurteilen.

Ich hoffe also, Sie haben nichts dagegen, wenn ich noch einmal wiederhole, wie schwer es ist, die Kunst des Zuhörens zu erlernen. Es ist ebenso schwer wie etwas wahrzunehmen; aber beides ist nötig: wahrnehmen und zuhören.

Das letzte Mal sprachen wir davon, daß großes Chaos in der Welt herrscht. Nach außen hin besteht Armut, Hungersnot und Verfall, und in uns herrscht Verwirrung, Leid und innere Armut. Die Welt ist voller Widerspruch. Politiker erklären sich für den Frieden, aber bereiten zum Kriege vor; man spricht von Einheit unter den Menschen und versucht gleichzeitig, sie zu zerrütten. Und aus soviel Chaos und Unordnung wollen wir Ordnung schaffen! Wir haben eine Leidenschaft für Ordnung. Die Leidenschaft für Sauberkeit und Ordnung in unsern Zimmern wollen wir auf die Ordnung in der Welt ausdehnen. Ob wir wohl je eingehender über das Wort und seine tiefere Bedeutung nachgedacht haben? Wir wollen Ordnung in unserm Innern, wir wollen Widersprüche, Kämpfe und Verwirrung beseitigen, um ohne Disharmonie und Anstrengung zu leben; daher wenden wir uns an geistige Führer, schließen uns irgendwelchen Gruppen an oder folgen bestimmten Ideen und Lehren. Damit stellen wir Autoritäten auf und lassen uns vorschreiben, was wir tun sollen. Wir versuchen, durch Nachahmung und Anpassung Ordnung herbeizuführen.

In gleicher Weise wollen wir Ordnung nach außen hin, in der Politik und in der Geschäftswelt, herstellen. Daher kommen die Diktatoren, Tyrannen und Totalregierungen, die vollkommene Ordnung versprechen, aber den Menschen nicht erlauben zu denken. Es wird einem genauso vorgeschrieben, was man denken soll, wie in den Kirchen oder den Gruppen, die an bestimmte Ideen glauben. Die Tyrannei der Kirche ist ebenso unmenschlich wie die der Regierungen. Aber es ist uns recht, weil wir um jeden Preis nach Ordnung streben. Und wir bekommen Ordnung. Sogar der Krieg bringt dem Staate außerordentliche Ordnung: jeder hilft, den andern zu zerstören.

Man muß also diese Besessenheit mit Ordnung zu verstehen suchen. Kann aber die Verleugnung unserer eigenen Verwirrung in bezug auf innere und äußere Autorität zur Ordnung führen? Begreifen Sie die Frage?

Ich bin verwirrt und weiß nicht, was ich tun soll. Mein Leben ist beschränkt, kleinlich, verworren, elend; ich befinde mich dauernd im Zustand des Widerspruchs und weiß wirklich nicht, wohin ich mich wenden soll. Daher gehe ich zu irgendjemandem, einem Lehrer, einem *Guru*, einem Heiligen oder Erlöser – wahrscheinlich kommen auch einige von Ihnen mit dieser Einstellung hierher. Aus Ihrer Verwirrung heraus wählen Sie sich also einen Führer; aber wenn Sie in Verwirrung handeln, muß Ihre Wahl neue Verwirrung stiften. Sie überlassen sich einer Autorität, und das bedeutet, daß Sie nicht selber nachdenken, daß Sie nicht selber herausfinden wollen, was wahr und was falsch ist. Es ist sehr anstrengend zu untersuchen, was wahr oder falsch ist, denn man muß in hohem Grade aufmerksam sein. Aber die meisten unter uns sind träge, stumpf und nicht wirklich ernsthaft, wir lassen uns lieber vorschreiben, was wir tun sollen; daher haben wir als innere Führer Heilige, Erlöser und Lehrer und nach außen hin Regierungen, Tyrannen, Generäle, Politiker und Spezialisten. Und wir hoffen, daß wir uns, wenn wir ihnen folgen, allmählich von unsern Sorgen befreien und Ordnung bekommen können.

Das Wort ‚Ordnung' schließt zweifellos all das ein, nicht

wahr? Führt aber unser Verlangen nach Ordnung schon Ordnung herbei? Bitte, überlegen Sie es, denn ich möchte darauf eingehen. Ich bin der Meinung, daß Autorität und Macht *jeder* Art zerstörend wirkt. Macht ist in jeder Form böse. Und doch streben wir voller Eifer danach, das Böse anzunehmen; denn in unserer Verwirrung und Unwissenheit verlangen wir nach Vorschriften.

Ich glaube also, wir müssen gleich zu Anfang dieser Gespräche klarstellen, daß ich als Redner keinerlei Autorität habe; ebensowenig sind Sie, die Sie hier zuhören, meine Nachfolger. Wir wollen zusammen untersuchen und etwas herauszufinden trachten. Sind Sie in dem Glauben hergekommen, daß Sie Vorschriften für Ihr Verhalten bekommen können, so werden Sie mit leeren Händen fortgehen.

Meiner Ansicht nach ist es wichtig zu erkennen, daß äußerlich und innerlich tatsächlich Unordnung *herrscht*, und daß unser Verlangen nach Ordnung nichts als ein Wunsch nach Sicherheit und Gewißheit ist. Unglücklicherweise gibt es aber keine Sicherheit, weder äußerlich noch innerlich. Die Banken können ihre Zahlungen einstellen, es kann zum Kriege kommen, die Börse kann zusammenbrechen, Todesfälle können eintreten – alles mögliche kann geschehen, und erschreckende Dinge geschehen auch. Das Verlangen nach Ordnung ist also unser Wunsch nach Sicherheit; danach streben wir alle, jung oder alt. Wir machen uns weniger besorgt um innere Sicherheit, weil wir nicht recht wissen, wie wir sie erlangen sollen; aber wir hoffen, daß wir wenigstens äußerlich Sicherheit erreichen können durch gute Banken, eine gute Regierung und unsere Tradition, die sich unbegrenzt fortsetzt. So wird unser Denken allmählich gesättigt, stumpf, sicher und an Tradition gebunden; aber mit solchem Denken kann man niemals herausfinden, was wahr und was falsch ist; man wird unfähig, damit den gewaltigen Herausforderungen des Daseins zu begegnen.

Ich hoffe, Sie lassen sich nicht durch meine Worte hypnotisieren, sondern hören so zu, daß Sie dabei selber entdecken können, ob es überhaupt irgendwelche Sicherheit gibt. Das ist ein ungeheures Problem. Wenn man nach außen hin in einer

Welt lebt, in der es keine Sicherheit gibt, und innerlich keinerlei Tradition, kein Gestern und kein Morgen kennt, so bedeutet es entweder, das Gleichgewicht zu verlieren und wahnsinnig zu werden, oder aber vollkommen geistig gesund und lebendig zu sein.

Das ist keine Sache der Wahl. Man kann nicht zwischen Sicherheit und Unsicherheit wählen; man kann nur die Tatsache erkennen, daß es innerlich, psychologisch *keinerlei* Sicherheit gibt. Keine Beziehung ist je sicher; und klammert man sich auch noch so sehr an eine bestimmte Lehre oder einen Glauben, so entstehen doch unweigerlich Zweifel und Mißtrauen und damit Furcht. Solche Untersuchung wird nötig, wenn man eine Leidenschaft für Ordnung hat.

Das Gegenteil davon ist ebensowenig wahr – daß man in Unordnung oder Chaos leben müsse. Es wäre nichts als Reaktion. Sie wissen sicherlich, daß sich unser Leben und Handeln in Reaktionen abspielt. Alle unsere Handlungen sind Reaktionen. Haben Sie das je bemerkt? Wenn wir erkennen, daß Ordnung unmöglich ist, glauben wir sofort, daß das Gegenteil, nämlich Unordnung – als Reaktion auf Ordnung – eintreten müsse. Erkennt man aber die Wahrheit, daß unser Verlangen nach Ordnung alles enthält, was wir soeben angedeutet haben, dann entsteht beim Aufdecken dessen, was wahr ist, wirkliche Ordnung. Mache ich mich verständlich? Ich will versuchen, es anders auszudrücken.

Frieden ist bestimmt nicht der Zustand, in dem kein Krieg herrscht. Frieden ist etwas ganz anderes. Er ist nicht die Pause zwischen zwei Kriegen. Will man herausfinden, was Frieden ist, so muß man frei von aller Gewalttätigkeit sein; und um davon frei zu werden, muß man Gewalttätigkeit ungeheuer tief untersuchen. Es bedeutet, wirklich alles zu sehen, was Gewalttätigkeit umschließt: Wettbewerb, Ehrgeiz, Verlangen nach Erfolg, außerordentliche Tüchtigkeit, Selbstschulung und Anschluß an bestimmte Ideen und Ideale. Offenbar bedeutet der Zwang zur Anpassung des Denkens auch Gewalttätigkeit – ob das betreffende Schema nun edel oder unedel sei, ist belanglos.

Wir behaupten, daß Chaos entstehen würde, wenn wir uns

nicht anpaßten; aber die Behauptung ist nur eine Reaktion, nicht wahr? Gewaltsamkeit ist nichts Oberflächliches; um sie zu ergründen, muß man wirklich tief auf sie eingehen. Ärger, Eifersucht, Haß und Neid sind alles Ausdrucksformen der Gewalttätigkeit. Sich von ihr zu befreien, bedeutet, Frieden zu haben und nicht mehr in Unordnung zu leben. Deshalb kann man Selbsterkenntnis auch nicht erlangen, indem man diese Dinge einen Morgen lang beiläufig betrachtet und sie dann für den Rest der Woche wieder vergißt. Es ist vielmehr eine sehr ernste Angelegenheit.

Nun ist es also viel wichtiger, Ordnung zu verstehen, als aus bloßer Reaktion zu sagen: «Wenn keine Ordnung herrscht, gibt es Chaos» – als ob die Welt, in der wir leben, so wundervoll, so herrlich und schön wäre und es kein Chaos oder Leid gäbe! Man braucht nur sich selber zu betrachten, um zu sehen, wie arm man innerlich ist. Wir haben keine Zuneigung, kein Mitgefühl, keine Liebe; wir sind häßlich und lassen uns nur allzu leicht überreden; unaufhörlich suchen wir nach Gesellschaft und sind niemals imstande, allein zu sein.

Daher wird es höchst bedeutsam, Ordnung in seiner Gesamtheit zu begreifen – nicht nur hier und da kleine Teile, die einem zusagen. Es ist aber sehr schwer, etwas in seiner Gesamtheit zu sehen, wie zum Beispiel den Baum dort. Ich habe also ein wenig über Ordnung, Autorität und Anpassung gesprochen, und wenn Sie das Gesamtbild verstanden haben, werden Sie sehen, daß sich Ihr Denken von seinem Wunsch nach Ordnung und damit von allem Nachfolgen befreien kann – sei es vom Nachfolgen eines Nationalhelden, einer Legende und dergleichen Unsinn, oder von seinem eigenen Lehrer, *Guru*, Heiligen und so weiter.

Was bedeutet nun umfassendes Sehen? Zuerst einmal, was ist Sehen? Ist es nichts als ein Wort? Bitte, folgen Sie hier, wenn möglich, etwas vorsichtig. Wenn Sie sagen: «Ich sehe», was meinen Sie damit? Antworten Sie mir nicht, sondern gehen Sie lieber mit mir mit. Ich will mich aber nicht als Autorität hinstellen, und Sie sind nicht meine Anhänger – ich habe keine, Gott sei Dank! Wir wollen hier gemeinsam die Frage des Sehens untersuchen, weil sie sehr wichtig ist, wie

Sie bald selber herausfinden werden. Wenn Sie sagen: «Ich sehe den Baum», sehen Sie ihn dann wirklich, oder geben Sie sich mit dem bloßen Wort ‚ich sehe' zufrieden? Denken Sie einmal darüber nach. Lassen Sie uns langsam vorgehen. Sagen Sie nur: «Das ist eine Eiche, eine Fichte oder eine Kiefer», je nachdem, was es ist, und gehen daran vorbei? Wenn ja, dann ist es ein Zeichen, daß Sie den Baum überhaupt nicht sehen, weil Sie sich im Worte verfangen. Erst wenn Sie verstehen, daß das Wort nicht wichtig ist, und Ihre Symbole, Begriffe oder Namen beiseitesetzen, können Sie etwas betrachten. Es ist recht mühsam, etwas richtig zu betrachten, denn es bedeutet, den Namen oder das Wort mit allen damit verbundenen Erinnerungen fallen zu lassen. Zum Beispiel sehen Sie *mich* überhaupt nicht. Sie haben bestimmte Ideen über mich, denn ich habe einen gewissen Ruf, und so weiter, was Sie am Betrachten hindert. Können Sie all den Unsinn aus Ihrem Denken entfernen, dann werden Sie etwas sehen; und solches Sehen ist etwas ganz anderes als das Sehen durch ein Wort.

Sind Sie nun imstande, Ihre Götter, Ihre Lieblingsvergnügen, Ihr Gefühl des Adels oder der Geistigkeit und alles dergleichen einmal zu betrachten – aller Worte entblößt? Es ist tatsächlich schwer, und nur wenige Menschen sind wirklich dazu bereit. Solches Sehen ist aber umfassend, weil es nicht mehr an Worte und die Erinnerungen oder Gefühle, die unsere Worte hervorrufen, gebunden ist. Etwas umfassend zu sehen bedeutet also, keine Spaltung und keine Reaktion in bezug auf das Gesehene zu haben: nur zu sehen. Und das Betrachten einer Tatsache an sich führt zu einer Reihe von Handlungen, die nicht mehr an Worte, Erinnerungen, Meinungen und Ideen geknüpft sind. Das ist kein Kunststück des Intellekts, obwohl es so klingen mag. Es ist nur töricht, intellektuell oder leicht erregbar zu sein. Kann man aber seine Furcht umfassend erkennen, so befreit man sich von ihr.

Wir sehen nie etwas in seiner Gesamtheit, weil wir alle Dinge mit unserm Gehirn betrachten. Das heißt nicht, daß wir unser Gehirn nicht benutzen sollten; im Gegenteil, wir müssen es zu seiner höchsten Fähigkeit entwickeln. Es ist aber die Aufgabe unseres Gehirns, alles zu zerlegen; wir haben es dazu erzogen, nur teilweise zu beobachten, teilweise zu lernen, niemals umfassend. Will man sich der Erde, der Welt als Ganzes bewußt werden, so darf man kein Gefühl für Nationalität, für Tradition, Götter oder Kirchen haben, darf die Felder nicht zerteilen, noch die Erde in eine farbige Landkarte auflösen. Und die Menschheit als menschliche Wesen zu sehen, bedeutet, sie nicht in Europäer, Amerikaner, Russen, Chinesen oder Inder einzuteilen. Doch unser Denken weigert sich, die Erde und die Menschen darauf als Ganzes zu erkennen, weil es jahrhundertelang durch Erziehung, Überlieferung und Propaganda beeinflußt worden ist. Unser Gehirn kann mit all seinen mechanischen Gewohnheiten, seinen tierischen Trieben, seinem Drang nach Sicherheit und Schutz niemals etwas in seiner Gesamtheit erfassen. Und doch ist es das Gehirn, das beständig arbeitet und uns beherrscht.

Bitte, stürzen Sie sich hier nicht auf die Idee, daß es noch etwas anderes als das Gehirn geben müsse, daß wir eine Seele haben, mit der wir in Berührung kommen sollten, oder derartigen Unsinn. Ich gehe Schritt für Schritt vorwärts, versuchen Sie bitte, mir zu folgen.

Unser Gehirn wird also beeinflußt – durch Gewohnheit, Propaganda, Erziehung, durch alle täglichen Eindrücke, durch die Kleinlichkeit unseres Lebens und durch sein eigenes, ewiges Geschwätz. Und mit solchem Gehirn wollen wir beobachten. Wenn unser Gehirn dem zuhört, was hier gesprochen wird, wenn es einen Baum oder ein Bild betrachtet, ein Gedicht liest oder ein Konzert hört, ist es immer einseitig eingestellt und reagiert immer mit: ‚Ich mag' oder ‚Ich mag nicht', mit dem Begriff ‚vorteilhaft' oder ‚unvorteilhaft'. Es ist die Aufgabe unseres Gehirns, zu reagieren, sonst würden wir über Nacht zerstört werden. Das Gehirn mit all seinen bewußten und unbewußten Reaktionen, Erinnerungen, Trieben und Zwangsvorstellungen ist es also, das betrachtet, sieht, hört und fühlt. Da aber unser Gehirn an sich einseitig und das Produkt von Zeit und Raum und unserer ganzen Erziehung ist, wie wir soeben beschrieben haben, kann es nichts umfassend erkennen. Es muß unentwegt vergleichen, urteilen und bewerten. Es ist die *Funktion* unseres Gehirns, zu reagieren und zu bewerten; um also die Dinge umfassend zu begreifen, muß es sich ruhig verhalten, gleichsam in der Schwebe bleiben. Ich hoffe, daß ich es deutlich mache.

Umfassende Erkenntnis kann daher nur stattfinden, wenn unser Gehirn in hohem Grade feinfühlig und äußerst zugänglich für Vernunft, Zweifel und Fragen wird, und dabei trotzdem die Grenzen von Vernunft, Zweifel und Fragen wahrnimmt, ohne daß die Erkenntnis dadurch gestört wird. Will man wirklich etwas anderes als das Erzeugnis seines eigenen Denkens entdecken, so muß das Gehirn zuerst bis an seine Grenzen gehen, es muß fragen, erörtern, diskutieren und muß bereit sein, zu untersuchen und sein eigenes begrenztes und einseitiges Dasein zu erkennen; dann wird das Erlebnis der eigenen Begrenzung unser Gehirn und Denken ruhig machen. Und dann entsteht umfassendes Begreifen.

Kann man einmal Ordnung in ihrer Gesamtheit wahrnehmen – mit allen Verwicklungen, auf die wir mehr oder weniger eingegangen sind – dann wird man sehen, daß aus solcher umfassenden Erkenntnis eine ganz andere Art Ordnung entsteht. Wahre Ordnung kann aber bestimmt erst auftreten nach der Vernichtung des Gehirns, das nur zu seiner eigenen Befriedigung und Sicherheit nach Ordnung verlangt. Hat das Gehirn erst seine eigene Schöpfung vernichtet und den Nährboden zerstört, auf dem alle möglichen Einbildungen, Illusionen, Begehren und Wünsche gedeihen, dann wird aus der Zerstörung eine Liebe erwachsen, die ihre eigene Ordnung schafft.

Frage: Ich glaube, mehr schöpferische Betätigung in der Klasse würde dazu beitragen, unser Denken von seiner Bedingtheit zu befreien.

KRISHNAMURTI: Wir müssen zuerst klarstellen, was wir unter schöpferischer Kraft verstehen. Sehen Sie, wir gebrauchen das Wort ‚schöpferisch' so leichthin, so oberflächlich. Ein Maler, ein Dichter, ein Erfinder, ein Lehrer in der Klasse – alle behaupten, sie seien schöpferisch. Wissen Sie denn, wann Sie schöpferisch sind, und können Sie die schöpferische Kraft in einem Klassenzimmer benutzen? Es spielt sich doch etwa so ab: hat ein Maler einen Augenblick der Erleuchtung gehabt, worin er etwas gesehen oder erlebt hat, so versucht er später, es auf die Leinwand zu setzen. Bitte, folgen Sie dem ein wenig. Während er dabei ist, den Ausdruck auf der Leinwand zu suchen, bemerkt er, daß er den Augenblick der Erleuchtung verloren hat. Da er ihn nicht wieder einfangen kann, fängt er an, danach im Trunk, bei Frauen, Unterhaltung oder Vergnügen zu suchen – immer in der Hoffnung, es werde noch einmal eintreten. Wenn er all das später wieder aufgegeben hat und vielleicht ruhig auf einem Wege oder am Flußufer spazieren geht, kommt plötzlich dasselbe Empfinden über ihn, und er kann es auf der Leinwand zum Ausdruck bringen. Dann wird die Ausdrucksform verkäuflich, und der Maler bekommt Ehrgeiz, er möchte mehr produzieren, mehr schaffen.

Ist nun ein ehrgeiziger Mensch je schöpferisch, ein Mensch, der nach Beliebtheit oder Ruhm strebt – sei es im Klassenzimmer oder in der Geschäftswelt, mit Erfindungen oder mit der Kunst? Er will sofort etwas mit seiner ‚Schöpferkraft' anfangen, er strebt sofort danach, sie nutzbar zu machen, andern damit zu helfen und so weiter – hat er in demselben Augenblick nicht schon alle Schöpferkraft zerstört? Sehen Sie, wir wollen gern Schöpferkraft oder Gott oder was es auch sei, nützlich anwenden, wir wollen Gewinn daraus schlagen, aber ich fürchte, das geht nicht. Auch wenn Sie eine Fähigkeit oder ein Talent in einer bestimmten Richtung haben, nennen Sie es bitte nicht schöpferisches Handeln oder Denken. Denken ist niemals schöpferisch, denn es ist bloße Reaktion. Und kann Schöpferkraft je eine Reaktion sein?

Frage: Wie kann man Furcht in ihrer Gesamtheit erkennen?

KRISHNAMURTI: Ich glaube, wir können jetzt nicht mehr darauf eingehen, weil wir aufhören müssen; aber wir werden im Lauf unserer Gespräche noch darauf zurückkommen. Sehen Sie, es ist sehr wichtig zu verstehen, was mit dem *umfassenden Sehen* gemeint ist – nicht nur Eins umfassend zu sehen, wie zum Beispiel Furcht, Liebe oder Haß. Wollen Sie die Furcht in ihrer Gesamtheit erkennen, so wollen Sie sich auch ihrer entledigen, nicht wahr? Aber gerade der Wunsch, sich einer Sache zu ‚entledigen' oder etwas dadurch zu gewinnen, steht der umfassenden Erkenntnis im Wege. Wissen Sie, all das setzt sehr viel Selbsterkenntnis voraus – man muß alles über sich selber wissen, jeden Winkel seines Wesens kennen. Wenn man sein Gesicht im Spiegel betrachtet, lernt man es sehr gut in jeder Kurve, jeder Linie und von allen Seiten kennen; in gleicher Weise muß man tiefgehendes Wissen über sich selber erwerben, nicht nur in den bewußten, sondern auch in den verborgenen Schichten des Unterbewußtseins. Ich möchte heute morgen nur eins deutlich machen – keine Idee, kein Gefühl, nichts außerordentlich ‚Geistiges' – nämlich wie wichtig es ist, etwas umfassend zu sehen. Und umfassendes Sehen heißt, ohne Urteil, ohne Tadel oder Bewertung zu sehen. Es besagt auch, daß unser Gehirn nicht auf das reagiert, was es sieht, sondern nur beobachtet, und zwar in einem Zustand, in dem es keinen Denker getrennt vom Gegenstande seiner Beobachtung gibt. Das ist ungeheuer schwer; glauben Sie also nicht, daß Sie es erreichen werden, wenn Sie nur mit Worten spielen. Es umfaßt auch das ganze Problem der Widersprüche, denn wir *sind* beständig im Zustand des Widerspruchs.

3

Wie ich schon zu Anfang dieser Diskussionen sagte, halte ich es für sehr wichtig, ernsthaft zu sein. Wir sprechen hier nicht über Ideen; unglücklicherweise scheinen die meisten Menschen sich nur mit Ideen zu befassen anstatt mit dem, was *ist*. Meiner Ansicht nach ist es sehr wesentlich, dem nachzugehen, was *ist*, das heißt dem Tatsächlichen, dem wirklichen Stand unseres Daseins. Schließlich ist es ein Zeichen von

Ernsthaftigkeit, dem Tatsächlichen auf den Grund zu gehen und in das Wesen der Dinge einzudringen. Wir wollen immer gern diskutieren, erörtern und mit Ideen in Berührung kommen; aber es scheint mir, als ob Ideen nirgendwohin führen, sie sind sehr oberflächlich und stellen nur Symbole dar; und sich an Symbole zu klammern, heißt oberflächlich zu leben. Es ist eine recht mühsame Aufgabe, Ideen beiseitezusetzen oder über sie hinauszugehen und die Verbindung mit dem, was *ist*, aufzunehmen – mit dem wirklichen Zustand unseres Denkens und unseres Herzens. Für mich bedeutet es, ernsthaft zu sein, wenn man auf diesem Gebiet tief, umfassend und gründlich vordringt. Kann man den Dingen wirklich auf den Grund gehen, so wird man ihr innerstes Wesen entdecken und sie dadurch in ihrer Gesamtheit erleben; und dann bekommen unsere Probleme eine ganz andere Bedeutung.

Heute morgen möchte ich die Frage unserer Konflikte behandeln und sie wenn möglich bis ans Ende verfolgen, aber nicht als eine Idee; lassen Sie uns vielmehr versuchen, selber zu erleben, ob wir unser Denken nicht vollkommen von allem Konflikt befreien können. Will man das untersuchen, so darf man nicht auf dem Gebiet der Ideen bleiben.

Offenbar kann man nichts in bezug auf die Konflikte der Außenwelt tun; sie werden von ein paar unbeherrschten Menschen geschaffen, und sie werden uns entweder zerstören oder am Leben lassen. Rußland, Amerika oder jemand anders könnte uns in einen Krieg verwickeln, und wir könnten nichts dagegen tun. Aber ich glaube, man kann Wesentliches in bezug auf seine inneren Konflikte tun, und darüber möchte ich gern sprechen. Warum sind wir innerlich, tief in uns beständig in psychologischen Konflikten? Ist das nötig? Wäre es denkbar, ein Leben ohne Konflikte zu führen, ohne dabei zu vegetieren oder einzuschlafen? Ich weiß nicht, ob Sie je darüber nachgedacht haben, und ob es überhaupt ein Problem für Sie ist. Konflikt zerstört meiner Meinung nach jede Art von Feingefühl; er entstellt alles Denken, und wo Konflikt herrscht, gibt es keine Liebe. Konflikt ist im wesentlichen Ehrgeiz oder das Anbeten von Erfolg; und wir sind innerlich nicht nur in den oberflächlichen, sondern auch in den tieferen

Schichten unseres Bewußtseins im Zustand des Konflikts. Sind wir uns wohl dessen bewußt? Und wenn ja, was tun wir dagegen? Versuchen wir, diesem Zustand zu entfliehen durch die Kirche, durch Bücher oder Radio, durch Ablenkung und Vergnügen, geschlechtliche Freuden und alles andere, einschließlich der Götter, die wir anbeten; oder wissen wir, wie wir die Konflikte anpacken, mit ihnen ringen sollen, wie wir ihnen auf den Grund gehen und herausfinden können, ob sich unser Denken ganz von ihnen befreien kann?

Konflikt schließt natürlich auch Widerspruch ein: Widerspruch in unserm Fühlen, Denken und Verhalten. Widerspruch entsteht, wenn man gern etwas tun möchte, aber gezwungen ist, das Gegenteil zu tun. Die meisten Menschen fühlen bei der Liebe auch zugleich Eifersucht und Haß, und das ist ebenfalls ein Widerspruch. Mit der Zuneigung kommen Leiden und Schmerzen und deren Widersprüche und Konflikte. Mir scheint, daß alles, was wir anrühren, Konflikt mit sich bringt, und so steht es um unser Leben vom Morgen bis zum Abend; selbst wenn wir uns schlafen legen, sind unsere Träume noch beunruhigende Symbole unseres täglichen Lebens.

Wenn wir also den gesamten Zustand unseres Bewußtseins betrachten, können wir bemerken, daß wir uns dauernd im Konflikt des Widerspruchs mit uns selber befinden: wir versuchen unaufhörlich, gut oder edel, *dies* und nicht *das* zu sein. Warum eigentlich? Ist es wohl nötig, oder kann man auch ohne Konflikte leben?

Wie ich schon sagte, wollen wir darauf eingehen, aber nicht ideologisch, sondern tatsächlich; das heißt, wir wollen unseren widerspruchsvollen Zustand wahrnehmen, seine Verwicklungen zu verstehen suchen und wirklich damit in Berührung kommen – nicht nur durch Ideen oder Worte. Ist das aber möglich? Sehen Sie, man kann mit seinem Konflikt durch eine Idee Fühlung suchen, und meistens stehen wir in der Tat mehr mit der Idee des Konflikts als mit der Tatsache selber in Beziehung. Es ist nun die Frage, ob unser Denken alle Worte beiseitelassen kann, um direkt mit dem Gefühl in Berührung zu kommen. Kann man aber herausfinden, warum wir Konflikte haben, wenn man sich nicht seines gesamten Denkvorgangs bewußt ist – nicht des Denkens eines andern, sondern seines eigenen?

Zweifellos gibt es eine Trennung zwischen dem Denker und seinem Denken; der Denker versucht unentwegt, sein Denken zu kontrollieren und zu formen. Wir kennen das, und solange diese Trennung herrscht, *muß* es auch weiter Konflikte geben. Solange der, der erlebt, und sein Erlebnis zweierlei sind, muß es zu Konflikten kommen. Und Konflikt zerstört die Feinfühligkeit, er zerstört Leidenschaft und tiefes Fühlen; ohne Leidenschaft und Tiefe kann man aber kein Gefühl, keinen Gedanken und keine Handlung ergründen.

Will man den Dingen auf den Grund gehen und ihr innerstes Wesen untersuchen, so braucht man dazu Leidenschaft, tiefes Fühlen und einen höchst empfindsamen Sinn – kein gelehrtes Denken, das mit Wissen überladen ist. Ohne Leidenschaft kann man nicht feinfühlig sein; und Leidenschaft oder unser Trieb zum Entdecken stumpft sich durch den beständigen Kampf in unserm Innern ab. Unglücklicherweise nehmen wir Kampf und Konflikt als selbstverständlich hin und werden daher täglich gefühlloser und stumpfer. In seiner äußersten Form führt dies zur Geisteskrankheit: meist finden wir aber Wege der Ausflucht in Kirchen, bei Ideen oder allen möglichen oberflächlichen Dingen. Ist es also denkbar, ohne Konflikt zu leben? Oder sind wir so tief durch die Gesellschaft, unsern eigenen Ehrgeiz, durch Gier und Neid und die Sucht nach Erfolg beeinflußt, daß wir Konflikte als etwas Gutes, etwas Edles mit einem guten Zweck hinnehmen? Ich glaube, es wäre nützlich, wenn jeder von uns einmal untersuchen würde, was wir tatsächlich über Konflikte denken. Nehmen wir sie hin, sind wir so tief darin verstrickt, daß wir nicht wissen, wie wir uns wieder befreien sollen, oder sind wir mit unseren vielen Ausfluchtsmöglichkeiten zufrieden?

Das bedeutet tatsächlich, auf die ganze Frage der Selbsterfüllung und den Konflikt der Gegensätze einzugehen, und zu untersuchen, ob der Denker, derjenige der erlebt und beständig nach mehr Erlebnissen, mehr Sensationen oder einem weiteren Horizont verlangt, überhaupt Wirklichkeit hat.

Vielleicht gibt es nur Denken und keinen Denker, nur den Zustand des Erlebens und keinen, der erlebt? Im Augenblick, da der Erlebende mit seinem Gedächtnis in Erscheinung tritt, muß Konflikt entstehen. Ich glaube, das ist ziemlich einfach, wenn man darüber nachdenkt. Es ist die Wurzel allen Widerspruchs in unserm Innern. Bei den meisten Menschen ist der Denker überaus wichtig geworden, im Gegensatz zum Denken – der Erlebende im Gegensatz zum Zustand des Erlebens.

Das umfaßt aber auch die Frage, die wir neulich besprachen, nämlich was wir unter dem Sehen verstehen. Sehen wir das Leben oder einen anderen Menschen oder einen Baum durch unsere Ideen, Meinungen und Erinnerungen, oder stehen wir in direkter Beziehung zum Leben, zu dem Menschen oder dem Baum? Ich glaube, wir sehen alles durch Ideen, Erinnerungen und Urteile und sehen es daher überhaupt nicht. Ebenso, sehe ich mich selber, wie ich wirklich bin, oder nur so, wie ich sein *sollte* oder *gewesen* bin? Mit andern Worten, läßt sich unser Bewußtsein teilen? Wir sprechen so leichthin über unser Bewußtsein, unser Unterbewußtsein und die vielen Schichten darin. Es gibt solche Einteilungen und Schichten, und sie stehen im Widerspruch miteinander. Müssen wir aber durch alle Schichten einzeln gehen und versuchen, sie aufzugeben oder zu verstehen – was eine sehr langweilige und unwirksame Art der Behandlung des Problems ist – oder wäre es möglich, alle Einteilungen vollkommen beiseitezufegen und sein gesamtes Bewußtsein auf einmal wahrzunehmen?

Wie ich neulich schon sagte: will man etwas in seiner Gesamtheit erkennen, so braucht man dazu ein Wahrnehmungsvermögen, einen Ausblick, der nicht durch Ideen gefärbt ist. Das ist aber kaum möglich, solange noch ein Beweggrund, ein Zweck besteht. Sind wir um Abänderung besorgt, so sehen wir niemals, was tatsächlich *ist*. Beschäftigen wir uns mit dem Gedanken, daß wir uns ändern müßten, daß wir das, was wir sehen, in etwas Besseres, Schöneres und so weiter verwandeln sollten, dann sind wir nicht imstande, die Gesamtheit dessen, was *ist*, zu erkennen. Dann befaßt sich unser Denken nur mit Wechsel, Änderung, Verbesserung oder Vervollkommnung.

Also kann ich mich selber so sehen, wie ich bin, als ein Gesamtbewußtsein, ohne in die Einteilungen, Schichten und widerspruchsvollen Ideen meines Bewußtseins verstrickt zu werden? Ich weiß nicht, ob Sie je meditiert haben – und ich möchte es jetzt nicht erörtern – wenn Sie es aber getan haben, müssen Sie auch den Konflikt beim Meditieren beobachtet haben: wie der Wille immer versucht, das Denken zu beherrschen, und die Gedanken beständig abschweifen. Dieses Verlangen, zu beherrschen, zu formen, Zufriedenheit und Erfolg zu erlangen oder Sicherheit zu finden, ist ein Teil unseres Bewußtseins; und gleichzeitig sehen wir auch, wie absurd, nutzlos und eitel all das ist. Sehr viele Menschen versuchen daher, eine bestimmte Handlungsweise, eine Idee oder starken Widerstand zu entwickeln, womit sie eine Mauer um sich errichten, hinter der sie in einem konfliktlosen Zustand zu bleiben hoffen.

Wäre es nun möglich, Konflikt in seiner Gesamtheit zu sehen und damit *in Berührung* zu kommen? Es bedeutet nicht, eine Beziehung zur bloßen *Idee* des Konflikts herzustellen, oder sich mit den Worten, die ich hier gebrauche, zu identifizieren. Es bedeutet vielmehr, eine Beziehung zu der *Tatsache* des gesamten menschlichen Daseins mit allen Konflikten von Leid und Elend, von Sehnsucht und Kampf zu haben. Es bedeutet, sich der Tatsache zu stellen, mit ihr zu *leben*.

Sehen Sie, es ist außerordentlich schwer, mit etwas zu leben. Mit den Bergen hier um uns zu leben, mit der Schönheit der Bäume, mit den Schatten, dem Morgenlicht und dem Schnee – wirklich damit zu leben, ist recht schwierig. Wir alle nehmen es als selbstverständlich hin, nicht wahr? Wenn wir es Tag für Tag sehen, stumpfen wir dagegen ab, wie es den Bauern geht, und betrachten es am Ende gar nicht mehr. Doch damit zu leben, es täglich frisch, klar, voller Empfänglichkeit, Würdigung und Liebe wieder anzusehen, dazu gehört sehr viel Energie. Und mit etwas Häßlichem zu leben, ohne daß es unser Denken entstellt oder verdirbt, erfordert ebenfalls eine Menge Energie. Um mit dem Schönen wie mit dem Häßlichen leben zu können – wie es das Leben verlangt – braucht man gewaltige Energie, aber die Energie wird einem versagt und zerstört, wenn man sich beständig im Zustand des Konflikts befindet.

Kann also unser Denken Konflikt in seiner Gesamtheit sehen, damit leben, ohne ihn hinzunehmen oder zu bestreiten, ohne sich dadurch verderben zu lassen, vielmehr alle inneren Regungen seines Verlangens, das Konflikte schafft, wirklich beobachten? Ich glaube, das ist möglich – nicht nur möglich; sondern wenn wir tief darauf eingehen, wenn unser Denken nur rein beobachtet und keinen Widerstand mehr bietet, weder verleugnet noch wählt, dann ist es tatsächlich so. Ist man schließlich so weit gegangen – nicht in Begriffen von Zeit und Raum, sondern im Erleben der Gesamtheit allen Konflikts – dann wird man selber herausfinden, wieviel intensiver, leidenschaftlicher und erfüllter man leben kann; solcher Geisteszustand ist aber wesentlich, wenn das Unermeßliche in Erscheinung treten soll. Ein Sinn voller Konflikte kann niemals entdecken, was wahr ist. Wenn man auch noch soviel über Gott, Güte, Geistigkeit und anderes dummes Zeug schwatzt, so kann doch nur ein Mensch, der das Wesen allen Konflikts vollkommen verstanden hat und daher außerhalb steht, das Unnennbare und Unermeßliche empfangen.

Vielleicht können wir jetzt darüber diskutieren und ein paar Fragen stellen. Es ist sehr schwer, richtig zu fragen, aber ich glaube, gerade in der richtigen Fragestellung können wir selber die Antwort finden. Die rechte Frage zu stellen, bedeutet, daß man zu dem Tatsächlichen, zu dem, was *ist,* eine Beziehung hat, nicht zu Ideen und Meinungen.

Frage: Was ist das Wesen der Schöpfung?

KRISHNAMURTI: Was ist das Wesen der Schönheit? Was ist das Wesen der Liebe? Was ist das Wesen unseres Denkens, wenn es keine Konflikte hat? Wollen Sie Beschreibungen? Wenn Beschreibungen Sie befriedigen und Sie sie gelten lassen, nehmen Sie doch nur Worte an und experimentieren nicht selber. Sehen Sie, wie leicht wir uns mit Erklärungen und Verstandesbegriffen zufrieden geben! Das ist nichts als ein Spiel mit Worten, und daraus entstehen falsche Fragen.

Wollen Sie denn nicht selber herausfinden, ob es möglich ist, in dieser Welt ohne Konflikte zu leben?

Frage: Man fühlt, daß man zur Außenwelt Stellung nehmen muß; aber indem man der Welt entgegentritt, entsteht bereits Konflikt.

KRISHNAMURTI: Ich frage mich manchmal ab, ob wir je etwas tun, weil wir es lieben? Wissen Sie, was ich meine? Ich liebe das, was ich tue – nicht daß es für mich einen besonderen Reiz hätte, auf einer Plattform zu sitzen und zu vielen Menschen zu sprechen; das ist nicht der Grund. Ich tue es, weil ich es wirklich gern tue, selbst wenn ich nur einen oder gar keinen Zuhörer hätte. Und wenn es zum Konflikt führt, was macht das? Schließlich will kein Mensch gern gestört werden. Wir möchten immer nur in unserm eigenen geistigen Stauwasser in Behaglichkeit mit unsern Ehemännern, Frauen und Kindern, mit unsern Ideen und Göttern leben. Und dann geschieht etwas – das Leben, ein Sturm, ein Erdbeben oder Krieg kommt daher und rüttelt uns auf. Wir reagieren darauf, indem wir festere Mauern zu errichten suchen und größeren Widerstand schaffen, um nur nicht wieder gestört zu werden; am Ende wird Gott zu unserer letzten Zuflucht, und wir hoffen, bei ihm keine Störung mehr zu erleiden. Werden wir aber gestört und es entsteht Aufruhr – was ist daran falsch? Ich will Sie keineswegs zwingen, mir zuzuhören: die Tür steht offen. Was ist daran falsch, daß wir uns gegen die Welt behaupten? Schließlich ist die Welt, gegen die wir uns stellen, eine Welt der Konventionen, zahlloser falscher Götter, Kirchen und Ideen; wir wollen uns gegen Haß, Neid und Gier behaupten und gegen alle anderen törichten Dinge, die wir erfunden haben, um uns selber zu schützen. Tut man das und verursacht dadurch Störung – was ist daran falsch?

Frage: Ich glaube, es gibt keinen Konflikt, wenn wir von einem Augenblick zum andern leben.

KRISHNAMURTI: Eine Minute, bitte! Sehen Sie, wie wir uns gleich wieder in Ideen flüchten? Das ‚Wenn wir von einem Augenblick zum andern leben' ist eine Bedingungsform, eine Idee, aber sie bedeutet, daß wir uns noch nie von etwas völlig losgesagt haben, weder von Vergnügen und Schmerz, noch von Verlangen und Ehrgeiz. Kann man sich nicht von all dem lossagen?

Frage: Wie können wir feststellen, ob wir wirklich eine Tatsache oder nur unsere Idee über die Tatsache betrachten?

KRISHNAMURTI: Hier ist tatsächlich eins Ihrer Probleme, nicht wahr? Wie wollen Sie darangehen, es zu untersuchen? Haben Sie je etwas richtig betrachtet oder ein Gefühl gehabt, ohne dabei zu denken? Gesetzt den Fall, ich fühle Ärger aufsteigen – kenne ich das Gefühl dann nur durch Worte? Fühlen wir durch unsere Ideen? Wenn ich sage, ich bin Inder – und das ist eine Idee – spüre ich eine gewisse Erregung in bezug auf meine Nationalität; daher ist es die Idee, die mein Gefühl erzeugt, nicht wahr? Denn infolge meiner Erziehung betrachte ich mich als Inder und habe mich mit einem Stück Land und einer bestimmten Farbe identifiziert, was in mir bestimmte Gefühle auslöst; mit diesen Gefühlen gebe ich mich zufrieden. Wäre ich aber anders erzogen, etwa nur als menschliches Wesen, ohne mit einer besonderen Rasse oder Gruppe identifiziert zu sein, dann wäre mein Gefühl bestimmt ganz anders, nicht wahr? Worte haben also für uns gewisse Bedeutungen – wie zum Beispiel Kommunist, Gläubiger, Ungläubiger oder Christ – und erwecken daher bestimmte Gefühle und Sensationen. Für die meisten Menschen sind Worte sehr bedeutsam. Ich versuche nun herauszufinden, ob das Denken sich je von Worten befreien kann; und wenn ja, in welchem Zustand sich das Denken befindet, wenn es fühlt. Mache ich mich verständlich?

Sehen Sie, wir haben heute morgen über Konflikte gesprochen, und ich möchte nun untersuchen, ohne mit Worten zu spielen, ob mein Denken imstande ist, sich von Konflikten zu befreien. Ich möchte es herausfinden, der Sache auf den Grund gehen, und das bedeutet, daß ich in direkte Berührung mit dem Konflikt kommen muß – nicht mit Ideen. Ist das richtig? Ich darf mich also nicht durch Ideen ablenken lassen, muß mich auf meinem Wege vortasten, muß mit Schmerz,

Leid, Enttäuschung, kurz, der Gesamtheit allen Konflikts Fühlung nehmen; ich darf keine Entschuldigungen oder Rechtfertigungen erfinden, sondern muß wirklich tief einzudringen suchen. Kann ich das aber mit bloßen Worten tun? Verstehen Sie, was ich sage? Aus diesem Grunde habe ich heute morgen gefragt, wie wir etwas erkennen: ob durch den Schleier von Worten oder in wirklicher Beziehung? Ist es möglich, ohne Worte zu fühlen? Ein hungriger Mensch will am Ende *Nahrung*, er ist nicht mit der Beschreibung von Nahrung zufrieden. Sind Sie in der gleichen Lage, wollen Sie Konflikt ebenso untersuchen und ihm ganz auf den Grund gehen? Oder sind Sie mit einer wörtlichen Beschreibung des Geisteszustands ohne Konflikt zufrieden? Wenn Sie dem Konflikt wirklich auf den Grund gehen wollen, müssen Sie ihn erleben und alles über ihn zu erfahren suchen. Können Sie mit *einem* Konflikt leben, ihn studieren, mit ihm schlafen, von ihm träumen, ihn sich einverleiben, so wird er Ihnen die Gesamtheit *aller* Konflikte enthüllen. Dazu ist aber Leidenschaft und tiefes Fühlen nötig. Nur an der Oberfläche zu leben und zu diskutieren, führt zu nichts und vergeudet die wenige Energie, die wir haben.

Frage: Wenn man dem Konflikt bei sich selber auf den Grund geht, muß man dann den Konflikt in der Welt einfach hinnehmen?

KRISHNAMURTI: Können Sie die Welt so klar und deutlich von sich abgrenzen? Ist die Welt ganz anders als Sie selber? Sehen Sie, ich glaube, wenn ich es aussprechen darf, da ist etwas, was Sie noch nicht verstanden haben. Für mich ist Konflikt ein höchst zerstörender Faktor, innerlich wie äußerlich; und ich möchte untersuchen, ob man auch so leben kann, daß man keine Konflikte hat. Ich sage also nicht, daß es unvermeidlich sei, noch versuche ich mir zu erklären, daß Konflikt herrschen müsse, solange ich erwerbsüchtig bin. Ich will das Problem verstehen, es erleben, sehen, ob ich es zerstören kann, und ob es möglich ist, ohne es zu leben. Danach bin ich hungrig, und keinerlei Beschreibungen oder Erklärungen können mich befriedigen. Das heißt, ich muß den Gesamtvorgang meines Bewußtseins, mein ‚Ich', begreifen, und mit dem Verständnis hierfür kommt das Verständnis für die Welt. Die beiden Dinge sind nicht zu trennen. Mein Haß ist der Haß der Welt; meine Eifersucht, mein Erwerbssinn, mein Trieb nach Erfolg ist auch ein Teil der Welt. Kann mein Denken all das zerstören? Wenn ich aber darum bitte: «Zeige mir den Weg, wie ich es zerstören soll», will ich nur eine Methode benutzen, um meine Konflikte zu besiegen, und das heißt noch nicht, sie zu verstehen.

Ich erkenne also, daß ich meine Konflikte sehen, sie bewußt aufnehmen, alle ihre Regungen in meinem Ehrgeiz, meiner Gier, meinen Zwangsvorstellungen beobachten muß. Und wenn ich sie ausschließlich beobachte, kann ich vielleicht etwas entdecken; aber es gibt keine Garantie. Ich fühle auch, daß ich sehr gut weiß, was bei meiner Untersuchung wesentlich ist: Leidenschaft, tiefes Fühlen, Nichtachtung für Worte und Erklärungen, damit mein Denken sehr scharf und wachsam ist und jede Form von Konflikt beobachten kann. Zweifellos ist das der einzige Weg, um seinen Konflikten ganz auf den Grund zu gehen.

4

Das letzte Mal, als wir zusammenkamen, sprachen wir über Ernsthaftigkeit und sagten, sie sei der Trieb oder der Wille, den Dingen wirklich auf den Grund zu gehen und ihr Wesen herauszufinden. Wenn nun der zwingende Drang zur Entdeckung des Wahren hier fehlt, fürchte ich, werden diese Gespräche sehr wenig Bedeutung haben. Es ist beinahe schade, an einem so herrlichen Morgen wie heute zu sprechen; trotzdem möchte ich auf das Thema Demut und Lernen näher eingehen.

Unter Demut verstehe ich natürlich nicht die anmaßende

Eitelkeit, die sich hinter diesem Wort verbergen kann. Demut ist keine Tugend; denn alles, was man ausbildet, aus sich hervorzieht, übt oder beherrscht, ist unecht. Man kann Demut weder säen noch ernten, sie muß entstehen. Demut liegt nicht in der Unterdrückung unseres Verlangens, das seine Erfüllung im Erfolg sucht; noch ist sie die religiöse Demut der Mönche, Heiligen und Priester oder ein Ergebnis gezüchteter Einfachheit. Sie ist etwas vollkommen anderes. Um sie wirklich zu erleben, muß man, wie ich glaube, ihr ganz auf den Grund gehen, damit alle Winkel des Denkens, alle dunklen, geheimen, verborgenen Stätten von Herz und Sinn der Demut ausgesetzt werden und sie einsaugen können. Und wenn wir das innerste Wesen der Demut enthüllen wollen, müssen wir meiner Ansicht nach auch darüber nachdenken, was Lernen bedeutet.

Lernen wir überhaupt? Ist unser ganzes Lernen nicht rein mechanisch? Wir betrachten Lernen als einen Addierungsvorgang, nicht wahr? Der Addierungsvorgang bildet ein Zentrum aus, unser ‚Ich', und dies Zentrum macht Erfahrungen; die Erfahrungen werden zu Erinnerungen, nein, sie *sind* Erinnerungen, die alle unsere künftigen Erlebnisse färben. Ist aber Lernen wirklich nur ein Addierungsvorgang wie Wissen? Und wenn die Addierung von Erfahrung, Wissen, Sein und Werden vor sich geht, herrscht dann Demut? Solange unser Sinn mit Wissen, Erfahrung und Gedächtnis überladen ist, kann er unmöglich etwas Neues empfangen. Muß also unser Denken nicht erst vollkommen leer werden, ehe das Zeitlose in Erscheinung treten kann? Und bedeutet das nicht das völlige, umfasende Gefühl eines demütigen Sinnes, der nichts mehr werden, nichts ansammeln, nicht länger suchen oder lernen will?

Haben wir wohl je etwas gelernt? Wir haben Wissen erworben und Erfahrungen gemacht; viele Ereignisse haben ihre Spuren hinterlassen und sind als Erinnerungen aufgespeichert worden. Ich kann zwar eine neue Sprache lernen oder eine neue Art der Himmelsforschung; das sind aber alles mechanische Addierungsvorgänge, die wir Lernen nennen. Das mechanische Lernen hinterläßt ein Zentrum, nicht wahr, und dieses Zentrum des Wissens sammelt, macht Erfahrungen, leistet Widerstand, verlangt nach Freiheit, bringt sich zur Geltung, nimmt an und verwirft – kurz, es befindet sich stets in Kampf und Konflikt. Und es ist dieses Zentrum, das beständig ansammelt und sich wieder entleert; es hat positive Regungen des Erwerbens und negative des Verwerfens. Den ganzen Vorgang nennen wir Lernen.

Bitte, verzeihen Sie, wenn ich es ausspreche, aber ich bin sicher, daß einige von Ihnen versuchen, etwas von dem Redner zu lernen. Sie werden jedoch von mir nichts lernen, denn Sie können nur etwas Mechanisches lernen, wie zum Beispiel Ideen. Wir befassen uns hier aber nicht mit Ideen, wir befassen uns nicht mit Beschreibungen irgendwelcher Art; wir beschäftigen uns mit *Tatsachen*, mit dem, was *ist*. Und Verständnis für das, was *ist*, stellt keinen mechanischen Vorgang dar; es ist keine Betrachtungsweise zum Zweck des Erwerbens, und man kann damit weder dem Zentrum etwas hinzufügen noch etwas von ihm wegnehmen. Aus unserm Zentrum heraus, das jahrhundertelang gewachsen, durch Gesellschaft, Religion, Erziehung und Erfahrungen beeinflußt ist, streben wir beständig nach Veränderung. Aus dem Zentrum heraus funktionieren wir und versuchen, unsere Eigenschaften oder unsere Denkweise zu ändern, uns neue Ideen einzuprägen und alte abzuwerfen. So strebt das Zentrum unentwegt danach, sich zu verbessern oder sich zu zerstören, um dadurch etwas mehr zu erreichen; und das spielt sich beständig bei uns ab.

Bitte, hören Sie gut zu. Das Zentrum ist das, was wir Ego oder Ich nennen, oder wie Sie es sonst bezeichnen wollen. Der Name ist belanglos, nur die Tatsache ist wichtig – das, was *ist*. In jedem Vorgang der Veränderung ist aber auch Gewaltsamkeit enthalten. Jeder Wechsel schließt Gewalttätigkeit ein, und dadurch kann nichts Neues entstehen. Wenn man sagt: «Ich muß mich beherrschen, ich muß mich unterwerfen», was soviel heißt wie, sich einem Schema anzupassen, so bedeutet das Gewaltsamkeit. Alle Heiligen, Führer, Lehrer und Propheten sprechen von Änderung und Beherrschung; aber dieser Vorgang der Selbst-Erziehung des Zentrums, um sich einem Schema anzupassen, enthält offenbar auch Gewalttätigkeit. Und wenn wir über das Prinzip der Gewaltlosigkeit sprechen, bedeutet es immer noch dasselbe.

Änderung schließt also Gewaltsamkeit auf dem Gebiet der Zeit ein, nicht wahr? Wenn ich etwas bin, will ich mich zwingen, etwas *anderes* zu werden. Das ‚Andere' liegt in der Entfernung: es ist das Ideal, das Beispiel, die Richtschnur. Dieser Versuch, Gewalt in Frieden umzuwandeln, enthält den ganzen Konflikt der Gegensätze. Wenn ich daher sage: «Ich will alles über mich selber erfahren», bin ich immer noch im Ansammeln verstrickt und bestärke nur mein Zentrum. Man muß sehen und es nicht nur wörtlich, intellektuell, sondern als wirkliche Tatsache erleben, daß man mit einem Zentrum, das nach Veränderung verlangt – und Gewaltsamkeit mit sich bringt – nie Frieden haben kann.

Für mich gibt es also kein Lernen, sondern nur Sehen. Beim Sehen kann man nichts ansammeln; es ist kein Erwerben und kein Verleugnen. Sieht man das, was *ist,* so wirkt es zerstörend, und in der Zerstörung liegt Frieden, nicht Gewaltsamkeit. Gewalt, Umsturz, Veränderung herrschen beim Ansammeln, beim Bestärken des Zentrums. Kann man jedoch mit seinem ganzen Wesen diesen Vorgang umfassend und vollständig wahrnehmen, so hat das Tatsächliche, das, was *ist*, eine zerstörende Wirkung; und Zerstörung ist zugleich Schöpfung.

Demut ist also ein Geisteszustand, worin man den Vorgang des Ansammelns und sein Gegenteil völlig aufgegeben hat und von einem Augenblick zum andern das, was *ist,* wahrnimmt. Man hat keine Meinungen oder Urteile mehr, aber man weiß, was Freiheit ist. Wenn sich unser Denken in Gewaltsamkeit verfängt, ist es nicht frei; und wenn es nach Freiheit sucht, kann es nie frei werden; denn Freiheit wird dann zu einer neuen Ansammlung.

Demut bedeutet vollkommene Zerstörung, nicht äußerlicher Dinge, nicht der Gesellschaft, sondern vollkommene Zerstörung des Zentrums, des eigenen Ich, der eigenen Ideen und Erfahrungen, des Wissens und der Tradition – es bedeutet, aus dem Denken alles, was es gewußt hat, restlos zu entfernen. Dann denkt man nicht mehr in Begriffen der Veränderung. Es ist tatsächlich etwas Wunderbares, dies zu empfinden. Sehen Sie, das ist Teil einer Meditation.

Zuerst müssen wir also den Veränderungsvorgang gründlich zu verstehen suchen; denn die meisten Menschen streben nach einem Wechsel. Die Welt ändert sich schnell genug in äußerlichen Dingen. Man versucht, zum Mond zu gelangen; Raketen werden erfunden mit allem, was dazugehört; Wertbegriffe ändern sich; Coca-Cola ist über die ganze Welt verbreitet; alte Kulturen stürzen. Die Schnelligkeit, mit der die Veränderungen vor sich gehen, ist größer als die Tatsache an sich. Die alten Götter, die Traditionen, Erlöser, Meister schwinden dahin, wenn sie nicht schon verschwunden sind. Ein paar Menschen halten noch daran fest, bauen Verteidigungsmauern um sich herum, aber alles vergeht. Und unser Denken befaßt sich weder mit Zerstörung noch mit Schöpfung – nur mit Selbstverteidigung, immer auf der Suche nach neuem Schutz, nach anderer Ausflucht.

Will man also wirklich tief und ernst auf das Problem der Demut eingehen, so muß man unvermeidlich das Lernen in Frage stellen, nämlich alles Lernen auf der Ebene der Worte, das uns beim Betrachten der Dinge, wie sie tatsächlich sind, im Wege steht. Beschäftigt sich unser Denken nicht mehr mit Veränderung, so hat es keine Furcht und ist daher frei. Es scheint mir auch unbedingt notwendig, daß unser Denken alles, was wir besprochen haben, versteht. Denn dann wird es nicht mehr versuchen, sich in andere Form zu gießen, sich neuen Erfahrungen auszusetzen; es wird nicht mehr fragen und bitten; dann ist es frei und kann still und ruhig sein, und dann kann vielleicht das Namenlose ins Dasein treten. Demut ist also wichtig, aber nicht auf künstliche, gezüchtete Weise. Sehen Sie, man muß ohne Fähigkeit, ohne Talent sein können, innerlich ein *Nichts*. Und ich glaube, wenn man all das erkennt und nicht zu lernen versucht, wie man *nichts* sein soll – was wirklich zu töricht ist – dann wird das Erkennen zum Erleben; und dann kann vielleicht das Andere entstehen.

Können wir das nun besprechen – aber *nur* das, nicht, wie wir die Welt ändern können, oder was Chruschtschow demnächst tun wird?

Frage: Ist Verständnis eine Fähigkeit?

KRISHNAMURTI: Ist Verständnis eine Fähigkeit, die man ausbilden und langsam entwickeln kann? Das Entwikkeln einer Fähigkeit schließt Zeit ein; werde ich etwas mit der Zeit, in einer Reihe von Tagen verstehen, oder erkenne, erfasse ich es unmittelbar? Kann ich begreifen, wir töricht es tatsächlich ist, Nationalist zu sein, sich mit einer bestimmten Gruppe oder Sekte oder einem Glauben zu identifizieren? Kann ich die volle, umfassende Bedeutung davon erkennen, was es heißt, zu etwas zu gehören oder sich einer Sache zu verpflichten? Wissen Sie, wir wollen alle gern einer besonderen Gruppe, Gesellschaft, Rasse oder Familie angehören; wir wollen uns auf eine gewisse Handlungsweise festlegen – die kommunistische oder sozialistische, eine religiöse oder ethische. Und warum? Es liegt allerlei darin enthalten, nicht wahr? Wir lieben sogenannte Zusammenarbeit. Das kann auf einer gewissen Ebene sehr gut sein; ist man aber innerlich an etwas gebunden, so steht das sicherlich im Wege, wenn man Aufklärung suchen und etwas verstehen will. Braucht man Zeit, um das zu sehen? Es erfordert Zeit, weil ich faul bin, weil ich mich verpflichtet habe und nun fürchte, wenn ich mich von meiner Verpflichtung zurückziehe, dadurch Unheil zu stiften. Darum sage ich: «Ich will mir Zeit lassen und es überlegen.» Das träge Denken hält sich selbst davon ab, etwas direkt, klar und wirklich zu sehen. Zweifellos erfordert es keine Zeit, sich selbst als dumm zu erkennen. Ich kann es *sehen,* und niemand braucht es mir zu sagen. Doch sobald ich es ändern will, sobald ich klüger werden will, sobald ich mehr von einem und weniger vom andern sein möchte, ist Zeit und auch Gewaltsamkeit miteinbegriffen. Die Erkenntnis, daß ich dumm *bin,* das wirkliche Sehen und Aufgehen *darin,* erfordert einerseits Verständnis, und andrerseits wird die bloße Erkenntnis an sich alles zerstören, was ich in mir und um mich her aufgebaut habe. Und davor fürchte ich mich.

Zu *erkennen,* daß ich dumm, engstirnig, kleinlich, bürgerlich, mittelmäßig bin und damit zu leben ohne zu versuchen, etwas daran zu ändern, ohne es abzuschleifen und ihm einen neuen Namen oder Titel zu geben; vielmehr alle Regungen und Scheingründe zu beobachten, und zu durchschauen, wie töricht es ist, klug werden zu wollen – all das erfordert weder Zeit noch Fähigkeit. Man braucht nur Ernsthaftigkeit, um dem auf den Grund zu gehen.

Sehen Sie, wenn Gefahr droht, handeln wir immer unmittelbar, fühlen unmittelbar, erkennen unmittelbar. Dann sind alle unsere Sinne und Instinkte volkommen wach, und man spricht nicht von Zeit.

Frage: Man scheint die Dummheit der Wünsche zu erkennen und von ihnen frei werden zu können, aber später kommen sie wieder zurück.

KRISHNAMURTI: Ich habe nie behauptet, daß ein freier Mensch keine Wünsche habe. Was ist denn falsch am Wünschen? Es wird erst zum Problem, wenn es Konflikte schafft, wenn ich zum Beispiel das schöne Auto besitzen möchte, das ich nicht haben kann. Weshalb aber nicht das Auto *sehen,* die Schönheit seiner Linien, seine Farbe, seine Schnelligkeit bewundern – was ist daran verkehrt? Ist der Wunsch, es anzusehen oder zu beobachten falsch? Unser Verlangen wird erst dringend und zwingend, sobald wir etwas *besitzen* wollen. Wenn wir erkennen, daß dies Versklavtsein an etwas – sei es Rauchen oder Trinken oder eine bestimmte Denkweise – Verlangen einschließt, und daß alle Anstrengung, sich von diesem Schema zu befreien, auch wieder Verlangen bedingt, dann sagen wir: wir müssen zu einem Zustand ohne Verlangen kommen. Sehen Sie nur, wie wir immer das Leben mit unserer Kleinlichkeit in eine Form gießen wollen! Deshalb ist unser Leben auch so mittelmäßig, voll unbekannter Furcht und dunkler Winkel. Wenn wir dagegen alles, was wir hier besprochen haben, wirklich verstehen, wenn wir es tatsächlich sehen, dann glaube ich, wird unser Verlangen ganz andere Bedeutung bekommen.

Frage: Kann man einen Unterschied machen zwischen dem Identifizieren mit dem, was man sieht, und dem Leben mit dem, was man sieht?

KRISHNAMURTI: Warum wollen wir uns mit etwas identifizieren? Um größer, edler, wichtiger zu werden, nicht wahr? Wir wollen dem Leben Bedeutung geben, weil das Leben keine Bedeutung für uns hat. Warum sollte man sich mit seiner Familie, seinem Freund, einer Idee, einem Lande identifizieren? Warum nicht alles Identifizieren beiseitefegen und beständig mit dem leben, was *ist*, mit dem, was sich immer ändert und nie stillsteht?

Frage: Wenn man sich nicht mit Dingen identifiziert, kann man wahrscheinlich außerhalb von allem leben?

KRISHNAMURTI: Es ist eine Tatsache, nicht wahr, daß wir in unserm eigenen, engen Kreise leben mit allen kleinlichen Eifersüchteleien, aller Eitelkeit und Dummheit. Das ist unser Leben, und damit haben wir uns abzufinden, anstatt uns mit den Göttern, den Bergen und derlei Unsinn zu identifizieren. Es ist viel schwerer und erfordert größere Tiefe und Intelligenz, mit dem zu leben, was *ist*, ohne es ändern zu wollen, als mit Jesus zu leben, was nichts als eine Ausflucht ist.

Frage: Im Entdecken liegt Freude und Genuß; bedeutet aber Entdecken nicht Lernen?

KRISHNAMURTI: Entdecken wir je unsern Schmerz und leben damit in Freude und Entzücken? Man kann die Schönheiten der Erde entdecken und darin schwelgen, oder die Dummheiten der Politiker entdecken und sie ablehnen; doch die volle Bedeutung des Leidens zu entdecken, ist etwas ganz anderes, nicht wahr? Dazu muß ich mein eigenes Leid und das Leid der Welt enthüllen. Das Buch des Leidens zu studieren, alles darüber zu lernen, bedeutet für Sie zu lernen, was man wohl oder nicht tun soll, um sich davor zu schützen. Bitte, lassen Sie uns darüber sprechen, ohne daß ich eine Autorität sein möchte. Ich glaube nicht, daß man etwas über Leid lernen kann. Lernen ist immer mechanisch. Erkennt aber unser Denken die Gefahr mechanischer Ansammlung, so kann es aufhören zu lernen: dann wird es beobachten, sehen und wahrnehmen, und das ist etwas ganz anderes als lernen. Bei seinem Leid zu verweilen, damit zu leben, ohne es hinzunehmen oder zu rechtfertigen, seine Regungen wie etwas Lebendiges zu erkennen, erfordert viel Energie und Einsicht.

Frage: Mir scheint, wir müßten zuerst einmal wissen, woraus sich unser Denken zusammensetzt?

KRISHNAMURTI: Woraus setzt sich unser Denken zusammen? Aus dem Gehirn, den Sinnen, den Fähigkeiten, Urteilen, Zweifeln, Aberglauben und Ängsten; unser Denken kann sich spalten, kann verleugnen, sich sehnen, wünschen und nach Sicherheit und Fortdauer streben; Denken ist auch das gesamte, ererbte, rassische Bewußtsein, dem die Gegenwart mit Erziehung, Erfahrungen und so weiter eingeprägt ist – all das ist unser Denken. Es ist das Zentrum, das erkennt, sich entfaltet, sich ändert, kämpft und leidet; es ist Denker und Gedanke, wobei der Denker beständig versucht, sein Denken zu beherrschen.

Ist es dem Denken möglich, sich vollkommen seines Inhalts zu entledigen? Das können Sie weder mit ‚Ja' noch mit ‚Nein' beantworten. Man kann nichts anderes tun als untersuchen, ob man wohl oder nicht die Grenzen seines Bewußtseins und dessen Beschränkungen wahrnehmen kann, ob die Begrenzung nötig ist, und ob man über sie hinausgehen kann.

Ein ernsthafter Mensch kennt seine eigenen Grenzen, ist sich seiner Mittelmäßigkeit, seiner Dummheit und Eifersucht, seines Ärgers und Ehrgeizes bewußt; und weil er alles verstanden hat, verhält er sich ruhig, sucht nicht mehr, verlangt nichts mehr. Nur ein solcher Mensch hat in sich selber Ordnung geschaffen und ist infolgedessen still geworden; und nur solches Denken kann vielleicht etwas empfangen, was kein Ergebnis des Denkens ist.

Frage: Sich selbst zu erkennen, erfordert gewisse Anstrengung?

KRISHNAMURTI: Wirklich? Mein Gott, strengen Sie sich jetzt etwa nicht an? Wir bemühen uns doch beständig, etwas zu sein, etwas zu erwerben oder zu tun. Braucht man aber zum *Sehen* Anstrengung? Wenn ich den Berg und den grünen Abhang da draußen mit Interesse ansehe, ganz einfach betrachte, erfordert das Anstrengung? Ich muß mich anstrengen, wenn ich *kein* Interesse habe, wenn mir befohlen wird, etwas anzusehen. Und wenn ich mich nicht dafür interessiere und nicht gezwungen werde hinzusehen – wozu soviel Aufheben?

Frage: Wie bekommt man die nötige Energie für all das?

KRISHNAMURTI: Ich sagte, daß Energie nötig sei, um mit dem, was *ist,* zu leben; und nun fragt jemand: wie bekommt man Energie? Bitte, untersuchen Sie es selber. Man bekommt Energie, wenn man keine Konflikte hat, wenn keine Widersprüche, kein Kampf, keine Gewaltsamkeit mehr im Denken zu spüren sind, und man nicht mehr durch zahllose Wünsche in entgegengesetzte Richtungen gezerrt wird. Man vergeudet Energie mit dem Anbeten von Erfolg oder mit seinen Wünschen nach Berühmtheit und Selbst-Erfüllung. – Sie kennen sicher die zahllosen Dinge, die bei uns Widerspruch hervorrufen. Wir verschwenden unsere Energie, wenn wir zu einem Psychiater oder in die Kirche gehen, oder auf den ungezählten anderen Wegen der Flucht vor uns selber. Besteht kein Widerspruch mehr, keine Furcht vor den Göttern, vor dem Letzten oder vor den Nachbarn und dem, was sie sagen werden, dann besitzt man Energie, und zwar nicht in ärmlicher, sondern in reichlicher Menge. Und solche Energie, solche Leidenschaft braucht man, um jeden Gedanken, jedes Gefühl, jeden Wink und jede Andeutung bis ans Ende verfolgen zu können.

5

Heute morgen will ich mit Ihnen ein ziemlich verwickeltes Thema besprechen; doch bevor ich damit anfange, möchte ich wiederholen, was ich schon früher gesagt habe, daß meiner Meinung nach eine gewisse Ernsthaftigkeit nötig ist. Nicht die Ernsthaftigkeit, die mit einem langen Gesicht oder Überspanntheit gepaart geht, sondern die zwingende Beharrlichkeit, die bis ans Ende der Dinge vordringt, die nachgibt, wo es unvermeidlich ist, aber trotzdem immer weitergeht. Ich will also heute morgen ein Thema behandeln, das Ihre volle Aufmerksamkeit und Ihren Ernst beanspruchen wird; im Orient nennt man es Meditieren, aber ich bin nicht sicher, daß man hier im Westen genau versteht, was damit gemeint ist. Wir wollen hier weder das Abend- noch das Morgenland vertreten, sondern untersuchen, was meditieren heißt; denn ich halte das für sehr wichtig. Es umfaßt unser ganzes Leben, und es behandelt die Gesamtheit unseres Denkens, nicht nur einen Teil. Die meisten Menschen wollen unglücklicherweise immer nur Teile ausbilden und werden darin überaus tüchtig. Für mich bedeutet Meditieren einen umfassenden Vorgang: es heißt, die dunklen Tiefen seines Denkens zu enträtseln und aufzudecken, es heißt, ohne bestimmtes Ziel, ohne Zweck zu untersuchen, und dabei zum völligen Verständnis seines gesamten Denkens zu gelangen, vielleicht auch darüber hinauszugehen.

Ich möchte es gern äußerst vorsichtig anfangen, denn jeder Schritt kann etwas enthüllen. Und ich hoffe, daß wir alle nicht nur im Bereich der Worte, der verstandesmäßigen Analyse bleiben, noch rein gefühlsmäßig, sentimental ein paar geistige Leckerbissen sammeln werden, sondern in vollem Ernst bis ganz ans Ende vordringen können. Vielleicht wird es auch nötig sein, es das nächste Mal fortzusetzen.

Wir alle suchen etwas – nicht nur auf der physischen, sondern auch auf der geistigen Ebene und in den tieferen Schichten unseres Bewußtseins. Beständig suchen wir nach Glück, Behagen, Sicherheit, Wohlstand oder nach bestimmten Dogmen und Glaubenssätzen, bei denen unser Denken zur Ruhe kommen und Trost finden kann. Wenn Sie Ihr eigenes Denken beobachten, werden Sie sehen, wie es immer sucht und sucht und sucht und niemals zufrieden ist; aber immer darauf hofft, irgendwie dauernde und bleibende Befriedigung zu finden. Wir streben alle nach körperlicher Wohlfahrt, aber die meisten Menschen geben sich unglücklicherweise so leicht zufrieden mit physischem Behagen, ein wenig Wohlstand, etwas Wissen, durchschnittlichen Beziehungen und so weiter. Einige von uns sind vielleicht mit physischen Dingen nicht zufrieden; dann suchen wir nach psychologischem, innerem Trost, nach Sicherheit, oder wir verlangen nach mehr Wissen, nach besseren, geistigen Ausdrucksmöglichkeiten. Und unser Suchen und Streben wird von allen Religionen der Welt ausgenützt. Christen, Hindus, Buddhisten bieten ihre Götter, ihre Glaubenssätze und Garantien dar, und unser Denken nimmt sie willig an, weil es unter deren Einfluß nicht weiter zu suchen braucht. So wird unsere Suche in bestimmte Kanäle geleitet und ausgenützt. Wenn wir durch und durch unglücklich und unbefriedigt mit der Welt, mit uns selber und unserem Mangel an Fähigkeiten sind, wollen wir uns mit etwas Größerem identifizieren. Aber selbst wenn wir etwas finden, das uns eine Zeitlang befriedigt, werden wir am Ende immer wieder aufgerüttelt und müssen weiter suchen.

Unsere Unzufriedenheit, unser Festhalten an Dingen, von denen wir stets wieder losgerissen werden, züchtet aber in uns gewohnheitsmäßiges Nachfolgen und gewohnheitsmäßiges Schaffen von Autorität – Autorität der Kirche, der verschiedenen Geistlichen und Heiligen, der inneren Bindungen und so weiter; und das spielt sich in der ganzen Welt so ab.

Ist das Denken aber durch Autorität verkrüppelt, sei es durch die Autorität der Religion, des Wissens, der Fähigkeit oder der Erfahrung, so ist es nicht frei zum Untersuchen. Unser Denken muß zweifellos *frei* sein, wenn es etwas herausfinden will. Und es ist eins der größten Probleme, wie man sich von aller Autorität befreien kann. Damit meine ich nicht die Autorität der Polizei oder des Gesetzes. Hält man sich auf der falschen Seite der Straße, so wird man offenbar Unfälle verursachen; und wenn man ein Gesetz übertritt, kann man ins Gefängnis kommen. Der Autorität auf diesem Gebiet auszuweichen, wie auch seine Steuern nicht zu bezahlen, ist nur töricht und absurd. Ich spreche von der Autorität, die wir infolge unseres Verlangens, zu suchen und zu finden, selber schaffen, oder die uns durch die Gesellschaft, durch Religionen und Bücher und so weiter auferlegt wird.

Es erscheint mir aber überaus wichtig und durchaus notwendig, daß sich unser Denken von allem Autoritätsgefühl freimacht. Das ist besonders schwer, weil jedes Wort und jede Erfahrung, jedes Bild und Symbol seinen Abdruck in Form von Wissen hinterläßt und dadurch zur Autorität wird. Und selbst wenn man äußerer Autorität aus dem Wege geht, besitzt doch jeder Mensch seine eigene, geheime Autorität, die sagt: «Ich weiß». Alle Autorität, alles Befolgen eines Schemas führt zu einer Zersplitterung des Handelns. Ist man auch ein guter Musiker oder auf anderem Gebiet sehr bewandert, so ist die Tätigkeit doch nur bruchstückhaft; wir sprechen hier aber vom umfassenden Handeln, worin alle Bruchstücke eingeschlossen sind. Umfassendes Handeln erstreckt sich über die Gesamtheit des Lebens – unser körperliches, gefühlsmäßiges und geistiges Leben. Solches Handeln entsteht, wenn man tief in sein Unterbewußtsein eindringt und alle dunklen Geheimnisse seines Denkens aufdeckt; und taucht das Denken dann geläutert daraus hervor, so ist *dieses* umfassende Handeln Meditation.

Es erfordert also viel mühsame Arbeit und innere Einsicht, um all die Pfade und Seitenpfade der Autorität aufzudecken, die wir im Lauf der Jahrhunderte für uns geschaffen haben, und auf denen wir beständig wandern. Es ist ungeheuer schwer, frei zu werden, alles zu vergessen, was man innerlich gewußt hat, und was zum Gestern gehört, sich von allen freudigen und schmerzlichen Erfahrungen, die man gemacht hat, loszusagen; doch nur dann ist man frei, zu leben und umfassend zu handeln.

Es erfordert wahlloses, passives Wahrnehmungsvermögen, worin sich alle geheimen Wünsche, Triebe, Zwangsvorstellungen und Sehnsüchte offenbaren, worin unser Denken nicht wählt, sondern nur beobachtet. Im Augenblick, da man wählt, hat man heimlich wieder Autorität geschaffen und ist dann nicht mehr frei. Kann man innerlich jede Gedankenregung, den tiefen Sinn jeden Wortes, die Bedeutung jedes Verlangens oder Wunsches wahrnehmen – ohne zu verleugnen oder hinzunehmen, nur ständig fortschreiten und wahllos beobachten – so wird man sein Denken von Autorität befreien. Erst wenn unser Denken frei ist, und nicht eher, kann es entdekken, was wahr und was falsch ist; und solche Freiheit entsteht gleich zu Anfang, nicht erst am Ende. Meditieren ist also kein Vorgang, bei dem unser Denken durch Wünsche oder Wissen beherrscht, diszipliniert oder geformt wird.

Ich hoffe, Sie können dem folgen. Wahrscheinlich ist Ihnen einiges davon neu, und Sie lehnen es möglicherweise ab. Sehen Sie, Annehmen oder Ablehnen deutet auf eine Unfähigkeit hin, dem, was der andere sagt, bis ans Ende zu folgen; und da Sie sich die Mühe gemacht haben hierherzukommen, glaube ich, es wäre töricht, wenn Sie einfach sagten: «Er hat recht» oder «Er hat unrecht». Hören Sie daher bitte gut zu, damit Sie herausfinden können – nicht was Sie selber denken, sondern ob der Redner falsch oder wahr spricht, damit Sie tatsächlich das Falsche in der Wahrheit oder die Wahrheit als solche erkennen können. Das wird nicht möglich sein, wenn Sie Ihr eigenes Wissen und Bücher über Meditation oder Psychologie, die Sie gelesen haben, mit dem hier Besprochenen vergleichen. Dann befinden Sie sich auf einem Nebenwege und hören gar nicht zu. Wenn Sie aber ohne Anstrengung zuhören, nur um etwas zu untersuchen, werden Sie eine gewisse Freude dabei erleben. Meiner Ansicht nach liegt der Schlüssel im bloßen Anhören dessen, was wahr ist. Sie brauchen nichts anderes zu tun als am Zuhören teilzunehmen – das heißt, sich nicht zu identifizieren. Beim Meditieren gibt es kein Identifizieren und keine Einbildungskraft.

Wenn der Verstand also anfängt, den Ablauf seines eigenen Denkens zu begreifen, können Sie beobachten, wie das Denken zur Autorität wird; Sie werden bemerken, daß sowohl das Denken, das sich auf Gedächtnis, Wissen und Erfahrung gründet, wie auch der Denker, der es leitet, zur Autorität werden. Daher muß sich das Denken seiner eigenen Gedanken, der Beweggründe und Ursachen, denen es entstammt, bewußt werden. Können Sie dann noch tiefer in Ihrer Untersuchung vordringen, so werden Sie finden, daß die Autorität des Denkens ganz und gar aufhört.

Man muß also die rechte Grundlage schaffen, auf der das Gebäude der Meditation errichtet werden kann. Offenbar muß jede Form von Neid verschwinden, weil Neid im wesentlichen ein Vergleichen ist – du hast etwas Schönes und ich nicht, du bist klug und ich nicht, du hast Talent und ich nicht. Neid auf Besitz, Neid auf Fähigkeiten – neidisches Denken kann ebensowenig weit gehen wie ehrgeiziges Denken. Die meisten Menschen sind ehrgeizig, und ein ehrgeiziger Sinn sucht immer nach Erfolg und nach Erfüllung, nicht nur draußen in der Welt, sondern auch in seinem Innern. Ein reifer Mensch kennt weder Erfolg noch Fehlschlag.

Das Denken muß also vollkommen und ganz frei werden, nicht nur gelegentlich und teilweise. Und das ist sehr mühsam. Es bedeutet die Läuterung unseres Denkens, das jahrhundertelang dazu erzogen worden ist, zu wetteifern und nach Erfolg zu streben.

Wissen Sie, das Freiwerden von Neid ist keine Sache der Zeit. Es bedeutet weder langsam den Neid abzulegen noch das Gegenteil davon aufzustellen und sich damit zu identifizieren, oder einen Zusammenschluß mit dem Gegenteil herbeizuführen – all das schließt allmählichen Verlauf ein. Ist man zum Beispiel ehrgeizig und macht es sich zum Ideal, nicht mehr ehrgeizig zu sein, dann braucht man Zeit, um die Strecke dazwischen zurückzulegen und sein Ideal zu erreichen. Für mich ist solches Vorgehen vollkommen unreif. Wenn man etwas deutlich erkennt, fällt es ab. Es erfordert keine Zeit, den Neid mit all seinen Verwicklungen umfassend zu sehen – das ist sicherlich nicht so schwer. Beobachtet man ihn und wird sich seiner bewußt, so offenbart er sich schnell genug; und ihn zu erkennen, bedeutet, ihn fallen zu lassen.

Ein neidischer, ehrgeiziger, selbstbewußter Mensch kann offenbar den Reichtum der Schönheit nicht sehen; auch kann er nicht wissen, was Liebe ist. Selbst wenn er verheiratet ist und Kinder hat, selbst wenn er Häuser besitzt und seinen Namen fortpflanzt, braucht er noch nicht zu wissen, was Liebe ist, solange er voller Neid und Ehrgeiz ist. Dann kennt er nur Sentimentalität, Gefühlsbewegung oder Anhänglichkeit; aber Anhänglichkeit ist noch nicht Liebe.

Sind Sie nun soweit gegangen, und zwar nicht nur intellektuell oder theoretisch, dann werden Sie bemerken, daß die Flamme der Leidenschaft entsteht. Leidenschaft ist nötig;

denn mit der Flamme der Leidenschaft kann man Berge und lange, grün bewaldete Abhänge sehen, kann man das Leid und die entsetzlichen Spaltungen, die der Mensch in seinem Drang nach Sicherheit geschaffen hat, überall wahrnehmen, kann man tief empfinden, doch ohne Selbstbewußtsein. Das ist also die Grundlage; und hat man einmal die Grundlage geschaffen, so ist das Denken frei; dann kann es fortschreiten – vielleicht gibt es auch gar kein weiteres Fortschreiten. Solange also all das in seiner Gesamtheit nicht vollkommen im Denken verankert ist, wird alles Suchen, alles Meditieren und Befolgen von Worten – wer sie auch gesagt haben mag – nur zu Illusionen, zu falschen Visionen führen. Wer vom Christentum beeinflußt ist, kann offenbar Visionen von Jesus bekommen, doch lebt er dann in Illusionen, die sich auf Autorität gründen; und solches Denken ist höchst beschränkt und kleinlich.

Ist man also innerlich soweit vorgedrungen, so muß es ein unmittelbarer Zustand sein – nicht übermorgen oder nächsten Monat, sondern tatsächlich in diesem Augenblick. Die Worte, die ich gebrauche, drücken die Wirklichkeit nicht aus; Worte sind keine Dinge. Und wenn Sie nur den Redner anhören, können Sie sich selber innerlich nicht folgen. Daher ist das Meditieren so wichtig. Meditieren bedeutet nicht, mit gekreuzten Beinen dazusitzen, auf bestimmte Weise zu atmen, Sätze zu wiederholen oder einem Schema zu folgen; das sind alles nur Kniffe, obwohl man damit erreichen kann, was das jeweilige System anbietet. Doch was man erhält, wird immer nur ein Bruchstück sein und ganz unbrauchbar. Zweifellos kann man mit einem Blick den gesamten Ablauf von Disziplin, Nachfolge und Anpassung überschauen, und alles unmittelbar fallen lassen, weil man es vollkommen verstanden hat. Aber träges Denken kann uns von unmittelbarer Erkenntnis abhalten, und die meisten unter uns sind faul, deshalb ziehen wir Methoden und Systeme vor, weil sie uns Vorschriften geben.

Es gibt eine bestimmte Art Trägheit, die sehr gut ist, eine gewisse Passivität oder Untätigkeit, mit der man die Dinge sehr scharf und klar sehen kann. Aber körperliche oder geistige Faulheit macht Körper und Geist stumpf, und man wird unfähig, zu beobachten und zu erkennen.

Nachdem man also die Grundlage gelegt hat – das heißt, tatsächlich die Gesellschaft und ihre Moral abgeschworen hat – kann man erkennen, daß Tugend etwas Wunderbares ist, etwas Liebliches und Reines. Man kann sie ebensowenig ausbilden wie die Demut. Nur ein eitler Mensch wird Demut auszubilden suchen, und es ist sehr töricht, sich zu bemühen, demütig zu sein. Man kann aber leicht, vorsichtig, geheimnisvoll auf Demut stoßen, wenn man anfängt, sein eigenes Denken in allen dunklen, unerforschten Winkeln des Bewußtseins zu verstehen. Bei der Selbsterkenntnis kann man Demut antreffen, und solche Demut wird dann die Basis oder das Auge oder der bloße Hauch, wodurch man wahrnimmt, spricht oder sich mitteilt. Man kann sich selbst nicht kennen lernen, wenn man mißbilligt, verurteilt und bewertet; Selbsterkenntnis ist vielmehr das Beobachten, das Sehen dessen, was *ist,* ohne Verzerrung; ein Betrachten, wie man eine Blume betrachten würde, ohne sie zu zerreißen. Ohne Selbsterkenntnis führt alles Denken zur Verirrung und Selbsttäuschung. Daher beginnt man, mit Selbsterkenntnis die Grundlage für wahre Tugend zu schaffen, die weder der Gesellschaft noch einem andern erkennbar ist. Im Augenblick, da die Gesellschaft oder jemand anders die Tugend erkennt, ist man wieder im Schema der andern gefangen; dann wird sie zur konventionellen Tugend und ist keine Tugend mehr.

Selbsterkenntnis ist also der Beginn allen Meditierens. Es läßt sich noch sehr viel mehr über Meditieren sagen, dies ist nur eine Einführung, sozusagen das erste Kapitel. Und das Buch hat kein Ende, es gibt keinen Schluß, keine Errungenschaft. Das Wunderbare, das Herrliche an all dem ist, daß, wenn unser Gehirn, unser Denken eine Erkenntnis gehabt und sich aller seiner Entdeckungen wieder entledigt hat, wenn es vollkommen frei von dem Bekannten und ohne jeden Beweggrund ist, daß dann vielleicht das Unerkennbare, das Unermeßliche ins Dasein treten kann.

Ich fürchte, ich habe etwas zu lange gesprochen, aber es bleibt uns noch ein wenig Zeit zum Diskutieren.

Frage: Ich verstehe nicht ganz, wie Freiheit am Anfang herrschen kann und nicht erst am Ende, weil am Anfang doch noch Vergangenheit steht, und nicht Freiheit?

KRISHNAMURTI: Sehen Sie, da bringen Sie wieder das Problem der Zeit hinein. Kann man am Ende frei sein? Kann man nach vielen Tagen oder vielen Jahrhunderten frei werden? Bitte, ich will nicht mit Ihnen darüber streiten, und Sie sollen auch nicht einfach annehmen, was ich sage; wir müssen es *sehen*. Nehmen Sie ein Beispiel; ich bin als Hindu, als Christ, als Kommunist, oder wie Sie wollen, bedingt und werde durch die Gesellschaft, durch Ereignisse und zahllose Einflüsse geformt. Ist nun das Ablegen der Bedingtheit eine Frage der Zeit? Bitte, denken Sie darüber nach. Wenn Sie behaupten, es sei eine Frage von Zeit, werden Sie doch in der Zwischenzeit Ihre Bedingtheit immer mehr aufbauen, nicht wahr?

Sehen Sie einmal her: jede Ursache ist zugleich auch Wirkung, nicht wahr? Ursache und Wirkung sind nicht voneinander verschiedene, feststehende Dinge. Was einmal Wirkung war, kann wieder zur Ursache werden; es ist eine Kette, die beständiger Veränderung, beständigem Einfluß unterliegt, die reift, im Lauf der Zeit zunimmt oder abnimmt, und so weiter. Sie haben jeder Ihre Bedingtheit als Engländer, als Jude oder Schweizer, oder was es auch sei, und Sie wollen mir sagen, daß man Zeit brauche, um zu sehen, wie albern das ist? Und wenn man die Albernheit erkennt, braucht man dann noch Zeit, um alles fallen zu lassen? Sehen Sie, wir *wollen* die verderbliche Natur der Sache nicht sehen, weil wir darin groß geworden sind und uns der Zustand gefällt. Eine Fahne bedeutet uns etwas, wir haben Vorteile von ihr. Würden Sie zum Beispiel sagen: «Ich bin kein Schweizer mehr» oder etwas dergleichen, so könnten Sie Ihre Stellung verlieren, könnten aus der Gesellschaft ausgestoßen werden oder Ihre Kinder nicht mehr schicklich verheiraten. Deshalb klammern wir uns daran, und gerade das hält uns davon ab, es unmittelbar zu erkennen und fallen zu lassen.

Sehen Sie, wenn ich mein ganzes Leben lang gearbeitet

habe, um etwas zu erreichen, um berühmt oder erfolgreich zu werden, glauben Sie, ich werde es dann so einfach fallen lassen? Glauben Sie, ich werde Vorteil, Ansehen, Namen und Stellung so leicht aufgeben? Man *kann* es unmittelbar fallen lassen, wenn man wirklich die Albernheit, die Rohheit und Rücksichtslosigkeit von all dem erkennt und sieht, daß darin weder Zuneigung noch Liebe, sondern nur selbst-berechnetes Handeln liegt. Doch man will es nicht sehen und erfindet nur Entschuldigungen, wie: «Ich werde es später, zur rechten Zeit schon tun, aber um Himmels willen, störe mich nicht gerade jetzt.» So sprechen die meisten, fürchte ich, nicht nur begabte Menschen, sondern wir, die mittelmäßigen und durchschnittlichen. Es erfordert keine Zeit, den Knoten durchzuhauen. Es erfordert unmittelbare Erkenntnis, unmittelbares Handeln, als ob man einem Abgrund oder einer Schlange gegenüber stünde.

Frage: Wie können wir so klare Erkenntnis bekommen und alle Erfahrungen vergessen?

KRISHNAMURTI: Braucht man nicht einen unschuldigen Sinn, um überhaupt etwas klar zu sehen? Jedes Erlebnis beeinflußt offenbar unseren Sinn, legt ihm neue Bedingtheit auf; und dann versuchen wir, durch all die Bedingtheit hindurch etwas Neues zu erkennen. Ich will nicht behaupten, daß etwas Neues *besteht,* darum geht es hier nicht. Will man aber erfahren, ob es etwas vollkommen Neues, etwas Schöpferisches geben kann, so braucht man dazu sicherlich einen unschuldigen, frischen und jungen Sinn. Ich sage auch nicht, daß man alle seine Erfahrungen vergessen müsse; es ist ganz klar, daß man sie nicht vergessen kann. Doch man kann wohl begreifen, daß das Aneinanderreihen von Erfahrungen unseren Sinn mechanisch macht, und ein mechanischer Sinn ist niemals schöpferisch.

6

Wir haben ziemlich ausführlich davon gesprochen, wie man einer Tatsache gegenübertreten, wie man sie ohne Verurteilung oder Rechtfertigung beobachten, wie man sich ihr ohne jede Meinung nähern soll. Besonders da, wo es sich um psychologische Tatsachen handelt, sind wir geneigt, unsere Vorurteile, Wünsche oder Triebe einzuführen, die das, was *ist*, verzerren und ein gewisses Empfinden von Schuld oder Widerspruch entstehen lassen, das die Wirklichkeit verleugnet. Wir haben auch darüber gesprochen, wie wichtig es ist, alles, was wir uns als Zuflucht oder zur Verteidigung aufgebaut haben, vollkommen zu zerstören. Das Leben erscheint uns oft zu gewaltig und zu schnell in seinem Lauf, und unser träger Sinn, unsere langsame Denkweise, unsere eingewurzelten Gewohnheiten erzeugen unvermeidlich Widersprüche in uns, so daß wir versuchen, dem Leben unsere Bedingungen zu diktieren. Während die Widersprüche und Konflikte sich fortsetzen und zunehmen, stumpft sich unser Denken allmählich immer mehr und mehr ab. Deshalb möchte ich heute morgen, wenn ich darf, über die einfache Strenge des Denkens und über Leid sprechen.

Es ist sehr schwer, geradlinig zu denken, die Dinge klar zu sehen, und das, was man sieht, logisch, vernünftig bis ans Ende zu verfolgen. Es ist sehr schwer, klar und daher einfach zu sein. Ich meine damit nicht die Einfacheit der äußeren Kleidung oder geringen Besitzes, sondern innere Einfachheit. Will man an ein sehr verwickeltes Problem wie das Leid herangehen, so glaube ich, ist ein einfacher Zugang wesentlich. Aber bevor wir damit beginnen, müssen wir uns ganz klar darüber werden, was wir unter dem Wort ‚einfach' verstehen.

Unser Denken, wie wir es kennen, ist verwickelt, unendlich klug und spitzfindig; es trägt zahllose Erfahrungen und alle Einflüsse der Vergangenheit, der Rasse, der Rückstände aus aller Zeit in sich. Diese gewaltige Verwicklung auf Einfachheit zurückzuführen ist wirklich sehr schwer; und doch glaube ich, daß man es tun muß, sonst kann man nie über Konflikt und Leid hinausgehen.

Es steht also zur Frage, ob es angesichts der unendlichen Verzweigtheit von Wissen, Erfahrung und Gedächtnis überhaupt möglich ist, sein Leid zu betrachten und sich davon zu befreien.

Zuerst einmal bin ich der Meinung, daß für unsere Untersuchung, wie man einfach und direkt denken soll, Erklärungen jeglicher Art durchaus schädlich sind. Begriffsbestimmungen können unser Denken nicht einfach machen und Auseinandersetzungen nicht zur Klärung unserer Wahrnehmung beitragen. Daher glaube ich, daß man sich seiner sklavischen Abhängigkeit von Worten innerlich voll bewußt werden muß, obgleich auch zu beachten ist, daß Worte zur Mitteilung nötig sind. Was man mitteilt, ist aber nicht nur das Wort; die Mitteilung geht über das Wort hinaus, sie ist zugleich ein Fühlen und Erkennen, das sich nicht in Worte fassen läßt. Ein wahrhaft einfacher Sinn ist noch nicht gleichbedeutend mit Unwissenheit. Das einfache Denken ist frei, allen Feinheiten, Schattierungen oder Regungen einer gegebenen Tatsache nachzugehen. Und dazu muß es sich zweifellos von der Sklaverei der Worte befreit haben. Solche Freiheit führt zum Ernst der Einfachheit. Hat man diesen einfachen Zugang, dann kann man sein Leid direkt betrachten und zu verstehen suchen.

Meiner Ansicht nach sind die Einfachheit des Denkens und das Leid miteinander verwandt. Unser ganzes Leben in Leid zu verbringen, ist sicherlich das Törichtste, was wir tun können, um es milde auszudrücken. Beständig Konflikte zu haben, mit Enttäuschungen zu leben, sich immer wieder in Furcht oder Ehrgeiz zu verstricken, oder sich in seinem Drang nach Erfüllung und Erfolg zu verfangen – sein ganzes Leben in solchem Zustand zu sein, kommt mir vollkommen nutzlos und unnötig vor. Um sich aber vom Leid zu befreien, muß man, glaube ich, an das Problem auf sehr einfache Weise herangehen.

Man kann auf verschiedene Weise leiden, körperlich und psychologisch. Es gibt einerseits körperlichen Schmerz, der bei Krankheit, Zahnweh, dem Verlust eines Gliedes und so weiter auftritt; andrerseits inneren Kummer, der entsteht, wenn man jemanden, den man liebt, verliert, oder wenn man keine besondere Fähigkeit, kein Talent hat, und Menschen sieht, die Fähigkeit, Talent, Geld, Stellung, Rang und Macht besitzen. Man hat immer einen Trieb nach Erfüllung, aber im Schatten der Erfüllung verbirgt sich Enttäuschung und infolgedessen Kummer.

Es gibt also die beiden Arten des Leidens, körperliches und psychologisches Leiden. Nehmen Sie das Beispiel eines Menschen, der einen Arm verloren hat; sogleich beginnt das Problem seines Leidens. Das Denken geht in die Vergangenheit zurück, erinnert sich all dessen, was man getan hat, und da man nun nicht mehr Tennis spielen oder viele andere Dinge tun kann, fängt man an zu vergleichen, und so entsteht Leid. Damit sind wir alle gut bekannt. Tatsache ist, daß ich einen Arm verloren habe, und kein Theoretisieren, Erklären, Vergleichen, kein noch so großes Mitleid mit mir selber kann den Arm zurückbringen. Das Denken ergeht sich jedoch im Selbst-Bedauern und im Rückblick auf die Vergangenheit. Da nun die gegenwärtige Tatsache im Widerspruch zur Vergangenheit steht, führt das Vergleichen unweigerlich zum Konflikt, und aus dem Konflikt entspringt Leid. Das ist die eine Art des Leidens.

Dann gibt es auch psychologisches Leid. Zum Beispiel, mein Bruder oder mein Sohn ist gestorben. Kein Theoretisiren, Erklären, Glauben oder Hoffen kann ihn je zurückbringen. Die Tatsache, daß er dahingegangen ist, bleibt grausame, unbeugsame Wirklichkeit. Dazu kommt die andere Tatsache, daß ich infolgedessen einsam bin. Wir waren so gute Freunde, wir unterhielten uns, lachten und freuten uns zusammen; jetzt ist das Zusammensein vorbei und ich bin allein. Die Einsamkeit ist aber auch eine Tatsache, genau wie sein Tod. Ich bin gezwungen, die Tatsache seines Todes hinzunehmen, aber ich will die Tatsache meiner Einsamkeit in dieser Welt nicht anerkennen. Daher beginne ich Theorien, Hoffnungen, Erklärungen zu erfinden, und das ist meine Flucht vor der Tatsache; aber Ausflüchte führen zum Leiden – nicht die Tatsache an sich, daß ich einsam bin, oder daß mein Bruder gestorben ist. Eine Tatsache kann niemals Leid verursachen, und ich halte es für außerordentlich wichtig, das zu verstehen, wenn man sich wirklich vollkommen vom Leid befreien will. Meiner Ansicht nach kann man nur davon frei werden, wenn das Denken nicht mehr Erklärungen und Ausflüchte sucht, sondern der Tatsache selber gegenübertritt. Ich weiß nicht, ob Sie das je versucht haben.

Wir wissen, was Sterben ist und kennen die übergroße Furcht, die es hervorbringt. Tatsache ist, daß wir sterben müssen, wir alle, ob wir wollen oder nicht. Daher versuchen wir entweder, den Tod vernunftgemäß zu erklären, oder wir nehmen unsere Flucht in den Glauben – Karma, Wiedergeburt, Auferstehung und so weiter; damit erhalten wir aber nur unsere Furcht aufrecht und gehen der Tatsache aus dem Wege. Es ist also die Frage, ob wir uns wirklich dafür interessieren, dem auf den Grund zu gehen und herausfinden wollen, ob es möglich ist, sich völlig vom Leid zu befreien – nicht später, sondern jetzt, in diesem Augenblick.

Lassen Sie uns einmal sehen, ob nicht jeder Einzelne von uns hier der Tatsache intelligent, vernünftig gegenüberzutreten vermag. Kann ich mich mit der Tatsache abfinden, daß mein Sohn oder mein Bruder oder meine Schwester, mein Mann oder meine Frau – wer es auch sei – gestorben ist, und daß ich mich einsam fühle, ohne daß ich mich aus meiner Einsamkeit in Erklärungen, täuschende Glaubenssätze, Theorien und so weiter flüchte? Kann ich eine Tatsache ins Auge fassen, was es auch sei: daß ich kein Talent habe, daß ich langweilig und töricht bin, daß ich mich einsam fühle, daß mein Glaube, meine Religion, meine geistigen Werte nichts als Abwehrmittel sind – kann ich eine solche Tatsache betrachten, ohne Mittel und Wege der Ausflucht zu suchen? Ist das möglich?

Ich halte es nur dann für möglich, wenn man sich nicht mit Zeit, mit dem Morgen beschäftigt. Unser Denken ist so träge, daß wir immer um Zeit bitten: Zeit, um über etwas hinwegzukommen, Zeit, um uns zu verbessern. Zeit kann unser Leid nicht auslöschen. Auch wenn wir einen Schmerz zeitweise vergessen können, bleibt der Kummer tief in uns bestehen. Ich glaube aber, daß man sein Leid vollkommen beseitigen kann – nicht morgen, nicht im Lauf der Zeit, sondern indem man die Wirklichkeit in der Gegenwart erkennt und darüber hinausgeht.

Warum *sollen* wir schließlich leiden? Leiden ist eine Krankheit. Sie gehen zu einem Arzt, um von einer Krankheit geheilt zu werden; warum sollen Sie Kummer aller Art ertragen müssen? Bitte, ich spreche hier nicht in Phrasen, das wäre zu töricht. Wozu müssen wir alle leiden; und ist es nicht möglich, sich ganz davon zu befreien?

Sehen Sie, diese Frage schließt eine andere ein: warum müssen wir Konflikte haben? Leid ist Konflikt. Wir behaupten, Konflikte seien nötig, sie seien Teil unsres Daseins, unserer Natur, alles um uns her sei voller Widersprüche, und es sei unmöglich, ohne Konflikte zu leben. Wir nehmen also Konflikte, sowohl in unserm Innern wie in der Außenwelt, als unvermeidlich hin. Für mich sind Konflikte *jeder* Art *unnötig*. Sie mögen antworten: «Das ist eine seltsame Idee von Ihnen, die keinen Wert hat. Sie stehen allein, sind nicht verheiratet, Sie haben es leicht; aber wir können nicht umhin, Konflikte mit unsern Nachbarn oder in unserer Arbeit zu haben. Alles, was wir anrühren, erzeugt Konflikt.»

Wissen Sie, ich glaube, die richtige Erziehung hat etwas damit zu tun; aber wir sind eben nicht richtig erzogen, wir haben nur gelernt, in Begriffen des Wettbewerbs und Vergleichs zu denken. Ob man wohl je durch Vergleich etwas verstehen, etwas direkt erkennen kann? Oder sieht man erst klar und einfach, wenn alles Vergleichen aufhört? Klare Erkenntnis kann zweifellos erst eintreten, wenn man nicht mehr ehrgeizig ist, nicht mehr versucht, etwas zu sein oder etwas zu werden – was aber auch nicht bedeutet, daß man mit seinem Zustand zufrieden sein soll. Ich glaube, man kann ohne Vergleich leben: ohne sich selbst an andern zu messen, ohne das, was man ist, mit dem, wie man sein *sollte*, zu vergleichen. Betrachtet man unaufhörlich das, was *ist*, so löscht das von selber alle vergleichende Bewertung aus, und hierdurch kann man meiner Ansicht nach Kummer beseitigen. Ich halte es für sehr wichtig, daß sich unser Denken vom Leid befreit, denn dann bekommt das Leben eine ganz andere Bedeutung.

Sehen Sie, es ist auch höchst bedauerlich, daß wir immer Trost suchen wollen, nicht nur physisch, sondern auch psychologisch. Wir flüchten uns zum Beispiel in eine Idee, und wenn uns die Idee später enttäuscht, sind wir verzweifelt, was wiederum zum Leiden führt. Es erhebt sich also die Frage: kann man leben und funktionieren, ohne je Zuflucht oder Schutz zu suchen? Kann man von einem Tag zum andern leben, jede Tatsache unmittelbar, wenn sie auftaucht, betrachten und niemals nach einer Ausflucht verlangen? Kann man unaufhörlich, jede Minute des Tages das, was *ist,* ins Auge fassen? Dann nämlich können wir, wie ich glaube, entdecken, daß nicht nur unser Leid endet, sondern auch daß unser Denken erstaunlich einfach und klar wird; dann kann man alles direkt, ohne Worte, ohne Symbole wahrnehmen.

Ich weiß nicht, ob Sie schon einmal ohne Worte gedacht haben. Gibt es ein Denken, das sich nicht in Worten ausdrückt? Oder geschieht alles Denken in Worten, Symbolen, Bildern und Vorstellungen? Sehen Sie, alle Worte, Symbole und Ideen sind der klaren Erkenntnis schädlich. Will man seinem Leid auf den Grund gehen und untersuchen, ob es nicht möglich sei, frei zu werden – nicht erst am Ende, sondern jeden einzelnen Tag frei von Leid und Kummer zu leben, so muß man sehr tief in sein Inneres eindringen und sich von allen Erklärungen, Worten, Ideen und Glaubenssätzen lossagen, damit sich das Denken wirklich läutert und dadurch fähig wird, das, was *ist,* zu erkennen.

Frage: Wenn man Kummer hat, ist es doch unvermeidlich, daß man versucht, etwas dagegen zu tun.

KRISHNAMURTI: Wir sagten neulich schon, daß wir immer gern mit unserer Freude leben, nicht wahr? Wir versuchen nie, Freude zu ändern, wir möchten sie Tag und Nacht bis in alle Ewigkeit ausdehnen. Wir wollen nichts daran ändern, wollen sie nicht einmal berühren und halten den Atem an, damit sie uns nicht entflieht; wir klammern uns an sie, nicht wahr? Wir wollen an allem festhalten, was uns entzückt, was uns Freude, Vergnügen oder Sensation bereitet – wie zum Beispiel zur Messe oder zur Kirche zu gehen. Bei dergleichen Dingen fühlen wir eine gewisse Erregung, eine Sensation, die wir nicht gern ändern wollen, denn sie gibt uns die Empfindung, der Quelle aller Dinge nahe zu sein, ist das nicht richtig? Warum können wir nicht in derselben Weise, mit der gleichen Intensität mit unserm Kummer leben, ohne etwas in bezug auf ihn unternehmen zu wollen? Haben Sie das je versucht? Haben Sie einmal versucht, mit körperlichen Schmerzen zu leben? Haben Sie einmal versucht, mit Lärm zu leben?

Lassen Sie uns ein einfaches Beispiel nehmen. Ein Hund bellt nachts, während Sie gern schlafen wollen, aber er bellt und bellt immer weiter; was tun Sie dann? Sie widersetzen sich, nicht wahr? Sie werfen ihm Dinge nach, verwünschen ihn und tun dagegen, was Sie nur können. Wenn Sie nun statt dessen mit dem Geräusch mitgingen, sich das Bellen ohne Widerstand anhörten, dann wäre es doch keine Störung. Ich weiß nicht, ob Sie je einen solchen Versuch gemacht haben. Sie sollten es einmal probieren, keinen Widerstand zu leisten. Sie schieben doch nie Freude von sich; können Sie nicht ebenso versuchen, einmal mit Ihrem Kummer zu leben, ohne Widerstand, ohne Wahl; ihm nicht zu entfliehen, keiner Hoffnung nachzugeben und keine Verzweiflung heraufzubeschwören – nur eben mit ihm zu leben?

Wissen Sie, mit etwas zu leben, heißt es zu lieben. Wenn Sie einen Menschen lieben, wollen Sie mit ihm leben, mit ihm zusammensein, nicht wahr? Auf dieselbe Weise kann man mit seinem Kummer leben, aber nicht sadistisch, sondern indem man das ganze Bild umfassend sieht und ihm nicht ausweicht, vielmehr die Kraft und Stärke und auch die äußerste Oberflächlichkeit darin empfinden kann. Das heißt aber, daß Sie nichts in bezug auf Ihr Leid tun können. Schließlich wollen Sie auch nichts an dem ändern, was Ihnen große Freude bereitet; Sie wollen es nur strömen lassen. In ähnlicher Weise bedeutet, mit seinem Leid zu leben, es tatsächlich zu lieben, und das erfordert viel Energie und Verständnis; es heißt, ununterbrochen zu beobachten, ob das Denken nicht dem

Tatsächlichen zu entfliehen strebt. Es ist schrecklich leicht, ihm zu entfliehen; man kann sich betäuben, kann trinken, das Radio anstellen, ein Buch zur Hand nehmen, sich unterhalten und so weiter. Will man aber mit etwas – sei es nun freudig oder schmerzlich – uneingeschränkt, vollständig leben, so braucht man dazu gespannte Wachsamkeit des Denkens. Und ist das Denken außerordentlich wachsam, dann bringt es sein eigenes Handeln hervor – oder besser, dann entspringt das Handeln dem Tatsächlichen, und unser Denken braucht nichts mehr in bezug darauf zu tun.

Frage: Müssen wir im Fall körperlicher Schmerzen nicht zu einem Arzt gehen?

KRISHNAMURTI: Natürlich; wenn ich Zahnschmerzen habe, gehe ich zu einem Zahnarzt. Wenn Sie irgendein körperliches Leiden haben, müssen Sie allerdings zu einem Arzt gehen. Ist es nicht sehr oberflächlich, solche Fragen zu stellen? Wir sprechen hier zwar auch von körperlichen Schmerzen, aber hauptsächlich von psychologischem Leid, von den geistigen Foltern, die man oft durchmacht wegen einer Idee, eines Glaubens oder eines andern Menschen; und wir fragen uns, ob es möglich sei, uns vollkommen von innerem Leiden zu befreien. Der Körper ist wie eine Maschine, die in Unordnung geraten kann, und man muß sein Möglichstes tun, sie in Ordnung zu halten; man muß aber darauf achten, daß die Maschine unser Denken nicht stört, es nicht verdreht und verzerrt, und daß es trotz körperlichem Leiden gesund bleibt. Es ist also die Frage, ob unser Denken, die Quelle aller Erleuchtung wie auch allen Konflikts, Leidens und Kummers, frei von Leiden und unberührt von unsern körperlichen Schmerzen bleiben kann.

Schließlich werden wir jeden Tag älter; trotzdem sollte es möglich sein, sich einen jungen, frischen und unschuldigen Sinn zu bewahren, und nicht durch die gewaltige Bürde von Erfahrung, Wissen und Leiden niedergedrückt zu werden. Ich habe das Gefühl, daß ein junger, unschuldiger Sinn absolut notwendig ist, wenn man untersuchen will, was wahr ist, oder ob es einen Gott gibt, oder wie Sie es nennen wollen. Ein alternder Sinn, der sich quält und leidet, kann das nie herausfinden; es ist absurd, Leiden zu etwas Notwendigem zu machen, zu etwas, das einen am Ende in den Himmel bringen kann. Im Christentum wird das Leid als ein Weg zur Erleuchtung gepriesen. Man muß aber frei von Leid und Dunkelheit werden, erst dann entsteht Licht.

Frage: Kann ich mich vom Leid frei machen, wenn ich soviel Leid um mich herum sehe?

KRISHNAMURTI: Was denken Sie selber darüber? Gehen Sie nur einmal in den Osten, nach Indien oder Asien, und Sie werden viel Leid sehen, körperliches Leiden, Hungersnot, Entwürdigung und Armut. Das ist eine Art des Leidens. Wenn Sie dann in die moderne Welt kommen, ist jedermann damit beschäftigt, sein Gefängnis von außen auszuschmücken; man ist reich und wohlhabend, aber innerlich sehr arm und leer. Da gibt es auch Leid. Was können Sie daran tun? Was können *Sie* für *mein* Leid tun? Können Sie mir helfen? Denken Sie es bitte einmal durch.

Heute morgen habe ich fast eine halbe Stunde über Leiden gesprochen, und wie man sich davon befreien soll. Kann ich Ihnen helfen, tatsächlich helfen, damit Sie sich davon frei machen, es keinen Tag länger mit sich herumtragen, vollkommen frei davon werden? Helfe ich Ihnen dabei? Ich glaube nicht. Zweifellos müssen *Sie* die *ganze* Arbeit allein tun. Ich kann nur erklären. Ein Wegweiser hat insofern keinen Wert, als es wenig Sinn hat, ewig dazustehen und ihn zu lesen. Sie müssen sich der Einsamkeit zuwenden und ihr mit allem, was darin eingeschlossen liegt, auf den Grund gehen. Kann ich dem Leid der Welt abhelfen? Wir sind ja nicht nur mit unserer eigenen Verzweiflung und Qual vertraut, sondern sehen sie auch auf den Gesichtern anderer. Und man kann nur das Tor zur Freiheit anweisen; doch die meisten Menschen wollen über die Schwelle getragen werden. Sie verehren denjenigen, der Sie, wie Sie glauben, herübertragen wird, und machen ihn zu Ihrem Erlöser und Meister, was reiner Unsinn ist.

Frage: Was nützt aber der freie Mensch einem andern, wenn er ihm nicht helfen kann?

KRISHNAMURTI: Wie erschreckend nützlich wir doch immer eingestellt sind, nicht wahr? Alles wollen wir zu unserm Segen oder zum Segen anderer gebrauchen. Wozu ist die Blume am Wegrande da? Oder die Wolke über dem Berge? Welchen Zweck hat die Liebe? Kann man Liebe benutzen? Hat Mitleid einen Zweck? Hat Demut einen Zweck? Hat es Zweck, in einer Welt voll Ehrgeiz nicht ehrgeizig zu sein? Gütig, milde, großzügig zu sein – all das hat keinen Zweck für jemanden, der nicht freigebig ist. Ein freier Mensch kann einem andern, der vom Ehrgeiz beherrscht wird, nichts nützen. Er hat nur sehr geringen Einfluß, weil die meisten Menschen in ihren Ehrgeiz, in ihr Verlangen nach Erfolg verstrickt sind. Er spricht von Freiheit, wir aber beschäftigen uns nur mit Erfolg. Er kann nichts weiter tun, als Sie zu überreden suchen, ans andere Ufer zu kommen und die Schönheit des Himmels, die Lieblichkeit einfachen Lebens zu sehen: zu lieben, gütig zu sein, freigebig zu sein und keinen Ehrgeiz zu haben. Nur sehr Wenige wollen ans andere Ufer gelangen, daher ist der Mensch, der schon dort ist, von geringem Nutzen. Wahrscheinlich werden Sie ihm eine Kirche bauen und ihn anbeten. Mehr werden Sie nicht tun.

Frage: Mit seinem Leid zu leben, bedeutet die Verlängerung des Leidens, und davor schrecken wir zurück.

KRISHNAMURTI: Das habe ich sicherlich nicht gemeint. Will man mit etwas leben, sei es schön oder häßlich, so muß man sehr empfindsam bleiben, nicht wahr? Wenn Sie mit den Bergen hier Tag für Tag leben, aber nicht für sie empfänglich sind, sie nicht lieben, ihre Schönheit, ihre wechselnden Farben und Schattierungen nicht beständig wahrnehmen, dann werden Sie stumpf dagegen wie die Bauern. Etwas Schönes kann ebenso verderben wie etwas Häßliches, wenn man nicht empfänglich dafür ist; und Leid macht unser Denken stumpf und töricht. Mit seinem Leid zu leben, bedeutet, unaufhörlich zu beobachten, und das verlängert keineswegs unser Leiden.

Im Augenblick, da man das Ganze übersieht, ist es verschwunden. Kann man etwas umfassend erkennen, so ist es damit zu Ende. Wenn man das vollständige Gebäude des Leidens, seine Struktur, sein innerstes Wesen sieht, nicht darüber theoretisiert, sondern wirklich diese Tatsache in ihrer Gesamtheit erkennt, dann fällt das Leid ab. Die Schnelligkeit, Geschwindigkeit der Wahrnehmung hängt von unserm Denken ab. Denkt man jedoch nicht einfach und direkt, ist man von Glaube, Hoffnung, Furcht und Verzweiflung erfüllt, will man nur das Tatsächliche, das, was *ist*, ändern, so verlängert man damit sein Leiden.

Frage: Unsere Vorurteile stehen uns im Wege; wir müssen sie in Angriff nehmen, und das kann Zeit erfordern.

KRISHNAMURTI: Die Erkenntnis, daß man einsam ist, und die Wahrnehmung, daß man dem entfliehen möchte, geschehen beide im selben Augenblick, nicht wahr? Ich kann die Tatsache, daß ich einsam bin, und die andere Tatsache, daß ich dem entfliehen will, unmittelbar sehen. Ich kann mir auch sofort dessen bewußt werden, daß ich durch jede Form der Flucht nur meiner Einsamkeit aus dem Wege gehe, die ich doch verstehen *muß*. Ich darf sie also nicht beiseiteschieben.

Sehen Sie, unsere Schwierigkeit liegt meiner Ansicht nach darin, daß wir den Dingen, in die wir uns flüchten, so sehr große Bedeutung beilegen; sie sind für uns so wichtig, so ausserordentlich ehrbar geworden. Wir glauben, Gott weiß was könnte geschehen, wenn wir nicht mehr ehrbar wären. Deshalb wird unsere Neigung zur Ehrbarkeit unendlich viel wichtiger als die Tatsache, daß wir Einsamkeit oder irgendetwas anderes umfassend verstehen müssen.

Frage: Was können wir tun, wenn wir die Gefühlstiefe nicht haben?

KRISHNAMURTI: Ich frage mich, ob wir wohl tatsächlich so tief fühlen wollen? Ein tiefes Gefühl bedeutet Zerstörung, nicht wahr? Es heißt, all das zu zerbrechen, was wir in unserm Leben für wichtig halten. Vielleicht hindert uns die Furcht daran, tief zu fühlen.

Sehen Sie, wir wollen alle gern so ehrbar wie möglich sein – jung und alt. Ehrbarkeit bedeutet Anerkennung durch die Gesellschaft; und die Gesellschaft will nur das Erfolgreiche, Wichtige, Berühmte anerkennen und verwirft alles andere. Daher verehren wir Erfolg und Ehrbarkeit. Doch wenn man sich nicht mehr darum kümmert, ob die Gesellschaft einen für ehrbar hält, wenn man nicht mehr nach Erfolg strebt oder etwas werden möchte, dann hat man Gefühlstiefe; es bedeutet, daß keine Furcht mehr herrscht, daß es weder Konflikt noch inneren Widerspruch gibt und man infolgedessen genug Energie besitzt, um einer Tatsache bis auf den Grund zu gehen.

7

Wenn es Ihnen recht ist, wollen wir heute mit unserm Thema von vorgestern fortfahren, nämlich dem umfassenden Begriff des Meditierens. Im Osten ist das Meditieren ein sehr wichtiges, tägliches Ereignis für alle, die sich tiefer damit befaßt haben; im Abendlande wird es vielleicht als nicht so dringend und ernsthaft angesehen. Da es indessen den gesamten Lebensvorgang umschließt, glaube ich, wir sollten einmal betrachten, was alles darin enthalten ist.

Wie ich schon gesagt habe, ist es vollkommen eitel und nutzlos, bloßen Worten oder Sätzen zu folgen und damit auf der Ebene der Worte zu bleiben. Folgt man einem Thema rein intellektuell, so trägt man damit einen Sarg zu Grabe. Geht man jedoch wirklich tief darauf ein, so kann es ganz außerordentliche Dinge im Leben enthüllen. Wie ich auch schon angedeutet habe, wollen wir hier nicht das erste Kapitel eines vollständigen Buches behandeln, denn der Lebensvorgang nimmt kein Ende. Aber wir können die Themen behandeln, wie sie auftauchen.

Wir werden sogleich, wie Sie sehen werden, tiefer und umfassender darauf eingehen, aber zuerst einmal müssen wir zu verstehen suchen, was negatives und positives Denken ist. Ich gebrauche die Worte ‚negativ' und ‚positiv' hier nicht als Gegensätze. Die meisten Menschen denken positiv, das heißt, sie sammeln und fügen hinzu, oder nehmen fort, wenn das dienlicher und vorteilhafter ist. Positives Denken will nachahmen, übereinstimmen und sich dem Schema der Gesellschaft oder seinen eigenen Wünschen anpassen; und wir sind meist mit solchem positiven Denken zufrieden. Für mich führt positives Denken zu nichts.

Nun ist negatives Denken aber nicht das Gegenteil von positivem Denken, sondern ein ganz anderer Zustand, ein anderer Vorgang; und ich glaube, das muß klar verstanden werden, ehe wir weitergehen können. Negatives Denken heißt, sein Denken vollkommen zu entblößen; es bedeutet, das Gehirn, den Lagerraum aller Reaktionen, ruhig zu machen.

Sie haben sicherlich schon bemerkt, daß unser Gehirn sehr aktiv ist und dauernd reagiert; das Gehirn *muß* reagieren, sonst stirbt es ab. Mit seinen Reaktionen schafft es positive Vorgänge, die es positives Denken nennt, und die alle mechanisch und auf Verteidigung eingestellt sind. Wenn Sie einmal Ihr eigenes Denken beobachten, können Sie erkennen, daß das, was ich beschreibe, sehr einfach und nicht verwickelt ist.

Die erste Vorbedingung für unser Gehirn scheint mir die zu sein, voll aufmerksam und empfindsam zu werden, ohne zu reagieren; und daher halte ich es für nötig, negativ zu denken. Vielleicht können wir später darüber diskutieren. Wenn Sie es verstehen, werden Sie sehen, daß negatives Denken keine Anstrengung bedingt, während positives Denken Anstrengung voraussetzt – mit Anstrengung meine ich hier Konflikte, worin auch Leistung, Unterdrückung und Verleugnung miteingeschlossen sind.

Bitte, beobachten Sie jetzt Ihr eigenes Denken bei seiner

Tätigkeit, Ihr Gehirn bei der Arbeit; hören Sie nicht nur meinen Worten zu. Worte haben keine tiefe Bedeutung, sie dienen nur dazu, etwas anzudeuten oder mitzuteilen. Wenn Sie auf der wörtlichen Ebene bleiben, werden Sie nicht sehr weit kommen.

Das Gehirn ist also dank unserer Erziehung und Kultur, dank den Einflüssen der Gesellschaft, der Religion und so weiter, bei uns allen äußerst tätig, während die Gesamtheit unseres Denkens sehr schwerfällig ist. Nun ist es eine schwierige Aufgabe, das Gehirn ruhig zu machen, doch so, daß es voll empfindlich bleibt, es tätig zu halten, ohne daß es eine Abwehr aufbaut – Sie werden das kennen, wenn Sie je darauf eingegangen sind. Aber es bedeutet keine Anstrengung für das Gehirn, höchst aktiv und gleichzeitig vollkommen ruhig zu sein.

Die meisten Menschen betrachten Anstrengung als einen Teil ihres Daseins; offenbar können wir nicht ohne sie leben: es kostet Anstrengung, morgens aufzustehen, in die Schule oder ins Büro zu gehen, eine Tätigkeit stetig fortzusetzen, jemanden zu lieben. Unser ganzes Leben ist eine Reihe von Anstrengungen vom Augenblick unserer Geburt bis zum Augenblick, da man uns zu Grabe legt. Anstrengung bedeutet Konflikt; wenn man indessen die Dinge beobachtet, wie sie sind, eine Tatsache so sieht, wie sie ist, gibt es keine Anstrengung. Wir haben uns selber aber, bewußt oder unbewußt, nie so beobachtet, wie wir sind. Wir versuchen immer das, was wir in uns finden, zu ändern, zu ersetzen, umzuwandeln oder zu unterdrücken. All das bedeutet Konflikte, und wenn unser Denken, unser Gehirn voller Konflikte ist, kann es niemals ruhig sein. Um tief zu denken, um weit vorgehen zu können, muß das Gehirn höchst aktiv und doch ruhig sein – es darf nicht träge werden, sich nicht in Schlaf wiegen und sich nicht mit Glaubenssätzen und Abwehrmitteln betauben.

Die Konflikte sind es nämlich, die unser Denken abstumpfen. Wollen wir also auf das Thema des Meditierens eingehen, wollen wir tief ins Leben eindringen, dann müssen wir von Anfang an Konflikt und Anstrengung zu verstehen suchen. Wenn Sie einmal Ihre eigenen Anstrengungen betrachtet haben, werden Sie wissen, daß sie alle darauf gerichtet sind, etwas zu erreichen, etwas zu werden oder Erfolg zu haben; daraus entstehen dann Konflikte und Enttäuschungen mit Leiden, Hoffnung und Verzweiflung. Wer sich aber dauernd im Konflikt befindet, stumpft ab. Kennen wir nicht alle irgendeinen Menschen, der beständig Konflikte hat und ganz unempfindlich geworden ist? Will man also sehr weit gehen und sehr tief vorstoßen, so muß man Konflikt und Anstrengung vollkommen zu verstehen suchen. Anstrengung und Konflikt treten bei positivem Denken auf; bei negativem Denken dagegen, der höchsten Denkform, die es gibt, herrscht weder Anstrengung noch Konflikt.

Nun ist aber alles Denken mechanisch, denn es entsteht in Form von Reaktionen aus unserm Hintergrund der Erfahrungen und Erinnerungen. Und weil das Denken mechanisch ist, kann es niemals frei werden. Es kann verständig, vernünftig, logisch sein, je nach unserem Hintergrund, unserer Erziehung und Bedingtheit, aber es kann niemals frei sein.

Ich weiß nicht, ob Sie vielleicht Versuche angestellt haben, um herauszufinden, was unser Denken eigentlich *ist?* Damit meine ich nicht die Bedeutung, die ein Wörterbuch gibt, oder die Ideen eines Philosophen darüber, sondern ich meine, ob Sie wohl je beobachtet haben, daß unser Denken aus Reaktionen besteht.

Bitte, versuchen Sie, dem zu folgen, denn wir müssen darauf eingehen. Wenn ich Sie etwas Alltägliches frage, antworten Sie mir unmittelbar, weil Sie mit der Antwort vertraut sind. Stelle ich eine etwas verwickeltere Frage, so entsteht eine Pause, in der Ihr Gehirn arbeitet und ins Gedächtnis zurückgreift, um die Antwort zu finden. Wird eine noch verwickeltere Frage gestellt, so wird die Pause größer, während das Gehirn denkt, prüft und herauszufinden sucht. Wenn Sie schließlich etwas gefragt werden, womit Sie gar nicht mehr vertraut sind, sagen Sie: «Ich weiß nicht.» Aber dies ‚Ich weiß nicht' ist ein Zustand, in dem das Gehirn auf Antwort wartet – sei es aus einem Buche oder von einem andern Menschen; immerhin wartet es auf Antwort. Ich glaube, man kann diesen ganzen Denkvorgang sehr einfach verfolgen; er spielt sich unaufhörlich ab, er ist das Reagieren unseres Gehirns aus dem Lagerraum unserer angesammelten Erfahrungen und Kenntnisse.

Wenn nun unser Gehirn sagt: «Ich weiß nicht» und auf Antwort wartet, befindet es sich in einem vollkommen anderen Zustand, als wenn es überhaupt nicht mehr auf Antwort wartet. Ich hoffe, Sie können dem folgen, denn wenn es nicht deutlich ist, werden Sie vielleicht den nächsten Schritt nicht verstehen. Wir sprechen immer noch vom Meditieren und versuchen, in das ganze Problem des Gehirns und unseres Denkens einzudringen. Solange man die Wurzel allen Denkens nicht begreift, kann man unmöglich darüber hinausgehen.

Es gibt also zwei Zustände: im ersten sagt unser Gehirn: «Ich weiß nicht» und sucht nach einer Antwort, und im zweiten befindet es sich in einem Zustand des Nicht-Wissens, weil es keine Antwort *gibt*. Wenn das klar ist, können wir weitergehen und die Frage der Aufmerksamkeit und Konzentration untersuchen.

Jeder Mensch weiß, was Konzentration ist. Ein Schuljunge weiß es, wenn er aus dem Fenster guckt, und der Lehrer sagt: «Sieh in dein Buch.» Dann zwingt sich der Junge, ins Buch zu sehen, während er viel lieber aus dem Fenster gucken möchte, und daraus entsteht Konflikt. Die meisten von uns sind damit vertraut, wie man sein Gehirn zwingt, sich zu konzentrieren. Das ist ein Vorgang des Ausschließens, nicht wahr? Alles, was die Konzentration stört, wird ausgeschaltet und ausgeschlossen. Wo also Konzentration herrscht, ist auch Ablenkung. Können Sie folgen? Weil wir dazu erzogen werden, uns zu konzentrieren, das heißt auszuschließen und fernzuhalten, tritt Ablenkung und damit Konflikt auf.

Aufmerksamkeit dagegen ist kein Vorgang der Konzentration und trägt keinerlei Ablenkung in sich. Aufmerksamkeit ist etwas ganz anderes, und darauf will ich jetzt eingehen.

Bitte, wir sprechen hier über sehr ernste Dinge, und Sie dürfen nicht hierher kommen, wie Sie in ein Konzert gehen, wo Sie Unterhaltung suchen. Hier wird ungeheure Arbeit von Ihnen verlangt, nämlich, daß Sie in Ihr Inneres eindringen, ohne etwas zu wollen oder nicht zu wollen. Wenn Sie dem nicht ernsthaft folgen können, hören Sie nur zu, hören Sie sich die Worte an und vergessen Sie alles wieder. Wollen Sie aber tiefer eindringen, so liegt vieles darin miteingeschlossen; denn indem ich jetzt darauf eingehe, werden Sie sehen, daß Freiheit nötig ist. Wenn unser Denken Konflikte hat oder Anstrengungen macht, ist es nicht frei; und wenn es sich konzentriert und den Ablenkungen widersteht, gibt es auch keine Freiheit. Fangen wir dagegen an zu begreifen, was mit Aufmerksamkeit gemeint ist, dann können wir auch verstehen, daß alle Konflikte aufhören, und daß unser Denken dadurch vollkomen frei werden kann – nicht nur in den oberflächlichen Schichten, sondern auch im Unterbewußtsein, wo unsere geheimen Gedanken und Wünsche verborgen liegen.

Wir wissen also nun, was Konzentration ist, was ist aber Aufmerksamkeit? Während ich hier die Frage stelle, wollen Sie alle unwillkürlich eine Antwort finden, Sie suchen nach einer Erklärung oder Beschreibung; und je klüger die Erklärung, desto befriedigter ist man. Ich gebe aber keine Erklärungen; wir wollen hier untersuchen, ohne Worte untersuchen, was recht schwierig ist: wir wollen auf negative Weise untersuchen. Wenn Sie mit positivem Denken darangehen, werden Sie niemals den Reiz der Aufmerksamkeit entdecken. Haben Sie jedoch verstanden, was negatives Denken ist, das heißt Denken nicht als Reaktion, nicht als Suchen nach einer Antwort, dann könen Sie herausfinden, was Aufmerksamkeit ist. Ich will jetzt etwas näher darauf eingehen.

Aufmerksamkeit ist nicht Konzentration; es gibt keine Ablenkung dabei; es gibt keine Konflikte und kein Suchen nach einem Zweck; daher wird das Denken aufmerksam, und das heißt, es ist ohne Grenzen, es ist ruhig. Aufmerksamkeit ist der Zustand des Denkens, in dem Wissen aufhört und nur noch Untersuchung besteht.

Machen Sie einmal einen ganz einfachen Versuch: seien Sie aufmerksam, wenn Sie spazieren gehen. Sie werden dann bemerken, daß Sie viel mehr sehen und hören, als wenn Sie sich konzentrieren. Aufmerksamkeit ist nämlich ein Zustand des Nicht-Wissens, das heißt der Untersuchung, denn das Gehirn untersucht ohne Anlaß, ohne Beweggrund. Es ist reine Forschung, es ist die Eigenschaft wissenschaftlichen Denkens. Wissen kann nebenbei bestehen, doch stört es die Untersuchung in keiner Weise. Ein aufmerksamer Sinn kann sich also auch konzentrieren, aber seine Konzentration ist weder Widerstand noch Ausschluß. Können einige von Ihnen mir folgen?

Um also weiterzugehen: solche Aufmerksamkeit ist nur einem Sinn zu eigen, der nicht mit Belehrung, Wissen und Erfahrung angefüllt ist; es ist ein Geisteszustand, der im Nicht-Wissen auftritt. Es bedeutet, daß unser Gehirn, unser Denken alle Einflüsse, Verordnungen oder Bestätigungen verworfen hat; daß es den Begriff der Autorität versteht, daß es Ehrgeiz, Neid und Gier aufgelöst hat und sich in vollkommenen Gegensatz zur Gesellschaft und ihrer Moral stellt. Es folgt nichts und niemandem mehr nach. Solches Denken kann daran gehen, zu untersuchen.

Um aber tief forschen zu können, ist auch Stille nötig. Will ich die Berge dort betrachten und dem Fluß zuhören, wie er vorbeirauscht, so muß nicht nur mein Gehirn, sondern auch mein gesamtes Denken, das bewußte und das unbewußte, sich ruhig verhalten. Wenn das Gehirn schwatzt und das Denken nur begreifen und festhalten will, kann man weder etwas betrachten noch dem lieblichen Rieseln des Wassers zuhören. Untersuchung erfordert also Freiheit und Stille.

Wissen Sie, viele Menschen haben Bücher darüber geschrieben, wie man durch Meditieren und Konzentrieren zu einem ruhigen Sinn kommen kann. Bände sind darüber geschrieben worden – nicht daß ich sie gelesen hätte! Viele Leute sind zu mir gekommen, um darüber zu sprechen. Es ist aber reiner Unsinn, seinen Sinn darin zu üben, still zu sein. Wenn man sein Denken zur Stille erziehen will, gerät man in einen Zustand des Verfalls, denn alles Denken, das sich infolge von Furcht, Gier, Neid oder Ehrgeiz anzupassen sucht, ist leblos, träge und dumm. Ein träger und dummer Sinn kann zwar auch ruhig sein, aber er bleibt kleinlich und eng, und nichts Neues kann zu ihm gelangen.

Ein aufmerksamer Mensch hat also keinen Konflikt und ist daher frei; und sein Sinn ist still und ruhig. Ich weiß nicht, ob Sie je soweit gegangen sind; wenn ja, so wissen Sie auch, daß das, wovon wir sprechen, Meditation *ist*.

Im Lauf Ihrer Selbsterkenntnis werden Sie erfahren, daß ein ruhiger Sinn nicht leblos, sondern außerordentlich tätig ist. Doch ist er nicht tätig, um etwas zu leisten, um etwas hinzuzufügen oder abzuziehen, um zu gehen, zu kommen oder zu werden; denn sein höchst aktiver Zustand ist ohne Suchen und ohne Anstrengung entstanden. Man hat vielmehr fortlaufend alles, jede Phase seines Daseins begriffen; es hat niemals Unterdrückung stattgefunden, und infolgedessen gab es weder Furcht noch Nachahmung oder Anpassung. Hat aber unser Denken all das *nicht* getan, so gibt es auch keine Stille.

Was geschieht nun? Bisher haben wir Worte zur Mitteilung angewandt, aber das Wort ist nicht das, was es ausdrückt. Das Wort ‚Stille' ist nicht Stille. Bitte, versuchen Sie das zu verstehen: soll Stille herrschen, so muß sich unser Denken vom Wort freimachen.

Sobald also unser Sinn wirklich ruhig ist und sich nicht mehr um Mitteilung, Ausdruck und Leistung kümmert, wenn er aktiv und frei ist, dann entsteht Schöpfung. Solche Schöpfung ist keine Vision. Christen haben mitunter Visionen von Jesus, und Hindus von ihren eigenen kleinen oder großen Göttern. Das sind Reaktionen nach der jeweiligen Bedingtheit. Man projiziert diese Visionen, und was man sieht, wird im eigenen Hintergrunde geboren; man sieht nichts Tatsächliches, sondern die Projektion seiner eigenen Wünsche, Sehnsüchte und Hoffnungen. Doch der aufmerksame und ruhige Sinn hat keine Visionen, weil er sich von seiner Bedingtheit befreit hat. Deshalb weiß er auch, was Schöpfung ist – und damit meine ich etwas ganz anderes als die sogenannte Schöpferkraft der Musiker, Maler oder Dichter.

Sind Sie einmal soweit vorgedrungen, so können Sie erkennen, daß es einen Geisteszustand ohne Zeit und Raum gibt, in dem das Unermeßliche erkannt oder empfangen werden kann; und was darin gesehen und gefühlt wird, gehört ins Erleben, gehört in den Augenblick und läßt sich nicht aufbewahren.

Diese Wirklichkeit also, die sich weder messen noch benennen oder in Worte fassen läßt, entsteht erst, wenn das Denken vollkommen frei und still, das heißt in einem schöpferischen Zustand ist. Der schöpferische Zustand ist nicht wie durch Alkohol oder andere Reizmittel hervorgerufen. Hat man einmal Verständnis erlangt, ist man durch Selbsterkenntnis gegangen und daher frei von allen Reaktionen des Neides, des Ehrgeizes und der Gier, so wird man erkennen, daß Schöpfung immer neu und auch immer zerstörend ist. Schöpfung kann nie im Rahmen der Gesellschaft oder einer begrenzten Individualität entstehen; daher ist es vollkommen bedeutungslos, wenn eine begrenzte Individualität nach der Wirklichkeit sucht. Mit Schöpfung geht restlose Zerstörung von allem, was man angesammelt hat, Hand in Hand, und so kann das Neue beständig ins Dasein treten. Das Neue ist ewig wahr und unmeßbar.

Wollen Sie jetzt das, was wir besprochen haben, diskutieren und Fragen stellen?

Frage: Ist der Zustand vollkommener Aufmerksamkeit derselbe wie das Verlangen ohne Beweggrund?

KRISHNAMURTI: Verlangen ist etwas ganz Außerordentliches, nicht wahr? Für unsere Begriffe ist es mit Folterqualen erfüllt; wir kennen unser Verlangen nur als Konflikt, und deshalb haben wir ihm so viele Grenzen gesteckt. Unsere Wünsche sind immer eng, begrenzt, kleinlich, mittelmäßig: wir wollen ein Auto, wir wollen schöner werden, wir wollen etwas erreichen. Mein Gott, wie kleinlich all das ist! Und ich möchte gern wissen, ob es nicht auch ein Verlangen ohne Qual, ohne Hoffnung und Verzweiflung gibt? Es gibt es. Man kann es aber nicht verstehen, solange die Wünsche noch Konflikte erzeugen. Besteht einmal völliges Verständnis für das Verlangen, für seine Beweggründe und Qualen, für alle Selbstverleugnung, Disziplin und schwere Arbeit, die man damit durchmacht, hat man all das begriffen und aufgelöst, so daß es ganz verschwunden ist – dann ist vielleicht unser Verlangen etwas vollkommen anderes. Vielleicht ist es Liebe. Und die Liebe kann ihre eigene Ausdrucksform haben. Liebe kennt kein Morgen und denkt nicht an die Vergangenheit; das bedeutet aber, daß unser Denken keinen Einfluß auf die Liebe hat. Ich weiß nicht, ob Sie je beobachtet haben, wie sich unser Gehirn ständig in die Liebe einmischt; es sagt, Liebe müsse ehrbar sein, es teilt sie in göttliche und sündhafte Liebe ein, es versucht unaufhörlich, sie zu formen, zu beherrschen, sie dem Schema der Gesellschaft oder seiner eigenen Erfahrung anzupassen.

Es gibt jedoch einen Zustand der Zuneigung oder Liebe, bei dem sich unser Denken nicht einmischt, und vielleicht läßt sich solche Liebe finden. Warum aber vergleichen? Wozu fragen: gleicht der Zustand diesem oder jenem?

Ich weiß nicht, ob Sie je einen Regentropfen beobachtet haben, der vom Himmel fällt. Dieser eine Tropfen ist seiner Natur nach dasselbe wie das Wasser, das man trinkt, wie alle Flüsse und alle Meere. Doch der eine Tropfen denkt nicht daran, daß er einmal zum Fluß werden könne. Er fällt nur herunter – ganz und vollkommen. In derselben Weise ist unser Denken vollkommen, wenn es durch Selbsterkenntnis gegangen ist. In solchem Zustand gibt es kein Vergleichen. Etwas Schöpferisches ist nicht vergleichbar; und weil es zerstörend wirkt, trägt es nichts von dem Alten in sich.

Man muß also tatsächlich – nicht wörtlich oder intellektuell – von jetzt an bis in alle Ewigkeit dem Lauf der Selbsterkenntnis folgen, denn Selbsterkenntnis geht nie zu Ende. Und da sie kein Ende nimmt, hat sie auch keinen Anfang: sie ist in der Gegenwart.

Da ist noch etwas, worüber ich sprechen möchte, nämlich warum man immer anbeten will. Sie wissen, daß wir alle gern Symbole verehren, wie zum Beispiel Jesus oder Buddha. Weshalb? Ich kann Ihnen eine Menge Erklärungen geben: Sie wollen sich mit etwas Höherem identifizieren, oder sich dem hingeben, was Sie für wahr halten, oder sich in der Gegenwart von etwas Heiligem aufhalten, und so weiter. Doch wenn unser Denken anbetet, stirbt es ab und verfällt. Ob Sie nun den Helden, der zum Mond fliegt, verehren, den Helden der Gegenwart, der Vergangenheit oder den, der auf dem Podium sitzt – es ist ganz gleich; wenn Sie verehren, kann das

Schöpferische nie in Ihr Dasein treten, es kann sich Ihnen nicht nähern. Wenn man diesen außerordentlichen Zustand nicht kennt, muß man ewig weiter leiden. Hat man indessen das Problem der Verehrung verstanden, dann fällt es von einem ab wie ein Blatt im Herbst; dann kann das Denken ohne Grenzen fortschreiten.

8

Gestern sprachen wir über den Verlauf des Meditierens, wie unser Denken, wenn es frei ist, tief in sich selber eindringen kann. Heute morgen würde ich gern mehrere Dinge betrachten; zuerst Furcht und dann Zeit und Tod. Ich glaube, daß sie alle drei zusammenhängen, und daß wir ohne Verständnis für eins davon auch die andern nicht verstehen können. Solange wir den Ablauf der Furcht nicht vollkommen begreifen, können wir kaum erfassen, was Zeit ist; und während wir den Begriff der Zeit untersuchen, können wir gleichzeitig das außerordentliche Thema des Todes behandeln. Der Tod ist eine sehr merkwürdige Tatsache, wie es auch das Leben in seiner Fülle, Reichhaltigkeit und Mannigfaltigkeit ist. Zweifellos bringt der Tod eine neue, frische und unschuldige Eigenschaft mit sich. Um aber dieses gewaltige Thema begreifen zu können, muß man offenbar frei von Furcht sein.

Jeder einzelne Mensch hat viele Probleme, nicht nur äußerlich, sondern auch im Innern, und die inneren Probleme überwiegen die äußeren. Wenn wir in unsere inneren Probleme eindringen und sie verstehen, werden die äußeren ziemlich klar und einfach. Doch sind die äußeren Probleme von den inneren nicht sehr verschieden. Es sind dieselben Bewegungen wie bei Ebbe und Flut, wenn das Wasser heraufkommt und wieder zurückweicht; und solange wir nur die nach außen gerichtete Bewegung beobachten und dabei bleiben, werden wir die nach innen gerichtete nicht verstehen. Ebensowenig können wir die innere begreifen, wenn wir dem Verständnis für die äußere nur zu entfliehen suchen oder es aufgeben; denn es ist ein und dieselbe Bewegung, die wir innere und äußere nennen.

Die meisten von uns sind darin geschult, die nach außen gerichtete Bewegung zu beobachten; unsere Probleme in dieser Richtung nehmen immer mehr zu; aber ohne Verständnis für diese Probleme ist das Betrachten der inneren Regungen nicht möglich.

Unglücklicherweise haben wir sowohl äußere Probleme – nämlich gesellschaftliche, wirtschaftliche, politische, religiöse und so weiter – wie auch innerliche, zum Beispiel was wir tun sollen, wie wir uns verhalten, oder wie wir auf die verschiedenen Herausforderungen des Lebens reagieren sollen. Es scheint, als ob alles, was wir äußerlich oder innerlich anrühren, mehr Probleme, mehr Leid und Verwirrung schafft. Ich glaube, es ist ziemlich deutlich für alle Menschen, die beobachten, wahrnehmen und leben, daß alles, was wir mit unsern Händen, unserm Denken oder unserm Herzen berühren, unsere Probleme nur vermehrt; es entsteht größeres Leid und größerer Aufruhr. Ich glaube aber auch, daß wir alle unsere Probleme verstehen können, wenn wir die Furcht begreifen.

Ich gebrauche das Wort ‚Verständnis' hier nicht rein wörtlich oder intellektuell; ich spreche vielmehr von dem Zustand des Verstehens, der eintritt, wenn wir eine Tatsache nicht nur mit den Augen wahrnehmen, sondern innerlich *sehen* oder erkennen. Das Sehen einer Tatsache geschieht indessen in einem Zustand, in dem keine Rechtfertigung oder Verurteilung mehr stattfindet, nur reine Beobachtung ohne jede Auslegung; denn alle Auslegung verzerrt. Verständnis tritt unmittelbar ein, wenn man nicht rechtfertigt, verurteilt oder erklärt.

Das ist schwierig für die meisten Menschen, weil sie glauben, Verständnis sei eine Sache der Zeit, des Vergleichens und Ansammelns von mehr Wissen und Kenntnissen. Aber Verständnis erfordert nichts dergleichen. Es erfordert nur eins:

direkte Wahrnehmung, direktes Sehen ohne jedes Auslegen oder Vergleichen. Ohne das Verständnis für Furcht müssen also unsere Probleme unvermeidlich zunehmen.

Was *ist* aber Furcht? Jeder Mensch hat seine eigenen, besonderen Ängste. Man kann sich vor vielen Dingen fürchten: vor der Dunkelheit, vor der öffentlichen Meinung, vor dem Tode, oder davor, keinen Erfolg im Leben zu haben, vor Enttäuschung, vor der Unfähigkeit, sich zu erfüllen, vor mangelnder Begabung oder der eigenen Minderwertigkeit. Bei jeder Wendung unseres Denkens begegnen wir der Furcht, jedes bewußte oder unbewußte Flüstern unserer Gedanken erzeugt das bedrohliche Etwas, Furcht genannt.

Was *ist* also Furcht? Bitte, legen Sie sich einmal selber die Frage vor. Ist Furcht etwas an sich, ohne jede Beziehung, isoliert, oder ist sie immer an etwas gebunden? Ich hoffe, Sie verstehen, was ich meine; denn wir wollen hier keine Psychoanalyse anwenden. Wir versuchen herauszufinden, ob es möglich ist, sich ganz von Furcht zu befreien – nicht Stück für Stück, sondern ganz und vollständig. Dazu müssen wir untersuchen, was Furcht eigentlich *ist,* und wie sie entsteht, und müssen unser Denken erforschen, bewußtes wie unbewußtes, das heißt die tieferen Schichten unseres Daseins. Die Untersuchung des Unterbewußtseins darf zweifellos kein Vorgang der Analyse sein; denn wenn man analysiert, gibt es immer einen Beobachter, einen Analytiker und infolgedessen herrscht Teilung, Verschiedenheit und also Konflikt.

Ich möchte nun untersuchen, wie Furcht entsteht. Ich weiß nicht, ob wir uns unserer eigenen Ängste bewußt sind, und wie wir ihrer gewahr werden. Sind wir uns nur des Wortes ‚Furcht' bewußt, oder stehen wir in direkter Beziehung zu dem, was Furcht hervorruft? Tritt das, was unsere Furcht erzeugt, stückweise auf oder als ein Ganzes in verschiedenen Ausdrucksformen? Während ich mich vor dem Tode fürchte, können Sie sich vor Ihrem Nachbarn oder der öffentlichen Meinung fürchten, und ein anderer vielleicht vor dem Beherrscht-Werden durch seinen Ehepartner; aber die Ursache muß immer die gleiche sein. Es gibt doch bestimmt nicht mehrere verschiedene Ursachen, die verschiedene Arten von

Furcht auslösen. Kann aber das Aufdecken der Ursache aller Furcht unser Denken von ihr befreien? Wenn ich zum Beispiel weiß, daß ich mich vor der öffentlichen Meinung fürchte, wird mein Denken dadurch frei von Furcht? Das Entdecken der Ursache bedeutet noch nicht Freiheit von Furcht.

Bitte versuchen Sie, dies zu begreifen. Wir haben keine Zeit, in Einzelheiten zu gehen, da wir heute morgen ein großes Gebiet zu behandeln haben.

Kann die Kenntnis der Ursache oder der zahlreichen Ursachen der Furcht unser Denken von ihr befreien, oder ist ein anderer, wesentlicher Umstand dazu nötig?

Wenn man mit der Untersuchung der Furcht beginnt, muß man nicht nur seine äußerlichen Reaktionen, sondern auch sein Unterbewußtsein beobachten. Ich gebrauche hier das Wort ‚unterbewußt' in sehr einfacher Weise, nicht philosophisch, psychologisch oder analytisch. Das Unterbewußte ist die Gesamtheit unserer verborgenen Beweggründe, heimlicher Gedanken, geheimer Wünsche, Dränge, Triebe und Verlangen. Wie aber soll man sein Unterbewußtsein untersuchen oder beobachten? Es ist verhältnismäßig einfach, das Bewußtsein mit Hilfe seiner Reaktionen von Neigung und Abneigung, Schmerz und Freude zu betrachten; wie soll man aber sein Unterbewußtsein untersuchen ohne Hilfe eines andern Menschen? Denn der andere, der einem hilft, kann bevorurteilt und begrenzt sein, so daß er alles, was er erklärt, auch verzerrt. Wie soll man also das gewaltige Etwas, das wir unser verborgenes Denken nennen, ohne Erklärung untersuchen – wie kann man es betrachten, in sich aufnehmen und als ein Ganzes, nicht nur Stück für Stück, begreifen? Denn wenn man versucht, es stückweise zu erforschen, wird jede einzelne Untersuchung ihren Stempel hinterlassen, und mit diesem Stempel geht man an das nächste Bruchstück heran und treibt damit die Verzerrung immer weiter. Durch Analyse kann also niemals Klarheit kommen. Verstehen Sie, wovon ich spreche?

Wir können zweifellos erkennen, daß das Aufdecken der Ursache unserer Furcht uns nicht von ihr befreien wird, und daß Analysieren es auch nicht tun kann. Vielmehr muß umfassendes Verständnis herrschen; das gesamte Unterbewußtsein muß vollkommen enthüllt werden, und wie soll man das anfangen? Sehen Sie das Problem?

Sicherlich kann man das Unterbewußtsein nicht mit dem bewußten Denken betrachten. Unser bewußtes Denken ist jung; jung in dem Sinne, daß es bedingt worden ist, sich seiner Umgebung anzupassen. Es ist durch Erziehung erst vor kurzem dazu ausgebildet worden, sich eine Technik anzueignen, damit man leben und seinen Lebensunterhalt verdienen kann; es hat Gedächtnis entwickelt, damit man imstande ist, ein oberflächliches Leben in der Gesellschaft, die im wesentlichen verdorben und dumm ist, zu führen. Das bewußte Denken kann sich angleichen, und es ist seine Aufgabe, es zu tun. Ist es unfähig, sich der Umwelt anzupassen, so entsteht eine Neurose oder ein Zustand des Widerspruchs und so weiter. Aber das gebildete, junge Denken kann unmöglich unser Unterbewußtsein erforschen, das so alt ist und das Vermächtnis von Zeit und allen Erfahrungen der Rasse darstellt. Das Unterbewußtsein ist der Speicher unbegrenzten Wissens um Dinge, die gewesen sind; wie soll das bewußte Denken es also betrachten? Es kann es nicht betrachten, weil es durch die jüngsten Kenntnisse, Ereignisse, Erfahrungen und Studien, durch Ehrgeiz und Anpassung beeinflußt und begrenzt ist. Daher kann das bewußte Denken unmöglich das Unterbewußtsein untersuchen, und ich glaube, das ist ziemlich leicht zu begreifen. Bitte, es ist keine Angelegenheit der Zustimmung oder Ablehnung; es hat keinen Sinn zu sagen: «Sie haben recht» oder «Sie haben unrecht»; dann sind wir verloren. Wenn man die Bedeutung der gesprochenen Worte unmittelbar erkennt, gibt es keine Zustimmung oder Ablehnung, weil man dann selber untersucht.

Was ist aber nun erforderlich, um in das Unterbewußtsein einzudringen, um alle Rückstände hervorzuholen und es vollkommen heilen zu lassen, damit keine neuen Konflikte und Widersprüche mehr geschaffen werden? Wie soll man bei der Untersuchung des Unterbewußtseins vorgehen, wenn man genau weiß, daß weder das gelehrte Denken noch ein Analytiker mit seiner stückhaften Methode imstande ist, es zu betrachten? Wie soll man an das außerordentliche Etwas herangehen, das so unendlich große Schätze enthält, das ein Lagerraum von Erfahrungen, von Einflüssen der Rasse und des Klimas, von Tradition und beständigen Eindrücken ist – wie kann man all das ans Licht bringen? Soll man es stückweise tun, oder als Ganzes? Wenn Sie das Problem nicht verstehen, hat alle weitere Untersuchung keinen Sinn. Ich versuche hier folgendes auszudrücken: will man sein Unterbewußtsein stückhaft untersuchen, so nimmt es kein Ende; denn gerade der Umstand, daß man stückweise forscht und auslegt, muß die Schichten des verborgenen Denkens immer wieder bestärken. Es *muß* also als Gesamtheit untersucht werden. Liebe ist doch auch nicht zersplittert; sie läßt sich nicht in göttliche und weltliche zerlegen und nicht in verschiedene Stufen der Ehrbarkeit einteilen. Liebe ist etwas Einheitliches, und wer die Liebe zergliedert, kann nie erfahren, was sie ist. Will man Liebe fühlen und verstehen, so darf man sie nicht stückweise betrachten.

Wenn das nun vollkommen klar ist: daß man nämlich ein Ganzes nicht durch seine Teile verstehen kann, dann hat eine Veränderung stattgefunden, nicht wahr? Ich weiß nicht, ob Sie auf meinen Punkt eingehen?

Man muß sich also dem Unterbewußtsein auf negative Weise nähern, weil man nicht weiß, was es ist. Wir kennen alles, was andre Leute darüber gesagt haben, und wissen auch gelegentlich etwas aus eigener Erfahrung oder durch Andeutungen. Wir kennen aber keineswegs alle Wendungen und Krümmungen, alle außerordentlichen Eigenschaften und alle Wurzeln des Unterbewußtseins. Wollen wir daher das Unbekannte begreifen, so müssen wir auf negative Weise und ohne Antwort zu suchen, an es herangehen.

Neulich sprachen wir über positives und negatives Denken. Ich sagte, daß negatives Denken die höchste Denkform sei, und daß alles Denken – positives wie negatives – Grenzen habe. Positives Denken ist niemals frei, doch das negative kann es sein. Daher steht das negative Denken beim Betrachten des Unterbewußtseins, das es nicht kennt, in direkter Beziehung zu ihm.

Bitte, das soll kein seltsamer, neuer Kult, keine neue Denkungsart sein – es wäre unreif und kindisch, es so zu betrachten. Will man seine eigene Furcht untersuchen und sich nicht nur teilweise, sondern vollkommen von ihr befreien, so muß man die Tiefen seines Denkens erforschen, aber die Untersuchung kann kein positiver Vorgang sein. Es gibt kein Instrument, das unser oberflächliches Denkvermögen schaffen oder herstellen kann, um damit zu graben. Man kann nichts anderes tun, als still zu sein, all sein Wissen, seine Fähigkeiten und Talente freiwillig und mühelos beiseitezusetzen und sich von aller Technik freizumachen. Tut man das, so befindet man sich in einem negativen Zustand; und um es zu tun, muß man sein Denken verstehen lernen.

Bringt unser Denken – die Gesamtheit unseres Denkens, nicht nur ein oder zwei Gedanken – nicht alle Furcht hervor? Wenn es kein Morgen oder keinen nächsten Augenblick gäbe, würde man dann Furcht haben? Das Aufgeben allen Denkens bedeutet das Ende der Furcht. Und das ganze Bewußtsein *ist* Denken.

So kommen wir zu dem, was man Zeit nennt. Was ist Zeit? *Gibt* es überhaupt Zeit? Es gibt die Zeit, die wir mit der Uhr messen; aber wir glauben, es gäbe auch innerliche, psychologische Zeit. *Gibt* es aber Zeit, abgesehen von der chronologischen? Unser Denken schafft nämlich Zeit, weil es das Ergebnis von Zeit, von vielen Gestern ist. ‚Ich bin etwas gewesen; ich bin jetzt anders, und werde noch anders werden.' Um zum Mond zu gelangen, braucht man Zeit; es erfordert viele Tage und Monate, eine Rakete zusammenzusetzen; und man braucht auch Zeit, um zu lernen, wie man sie zusammensetzen soll. Aber all das ist mechanische Zeit, Zeit nach der Uhr. Bei der Fahrt zum Mond ist auch Entfernung miteinbegriffen, und Entfernung liegt ebenfalls auf dem Gebiet der Zeit, der Stunden, Tage, Monate. Gibt es aber noch eine andere Zeit außer dieser? Unser Denken hat zweifellos Zeit erschaffen. Wir denken zum Beispiel: ich muß intelligenter werden, ich muß sehen, wie ich mit wetteifern kann, ich muß versuchen, Erfolg zu haben; wie kann ich zu Ansehen gelangen, wie soll ich meinen Ehrgeiz, meine Furcht und Rohheit unterdrücken?

Dies beständige Denken, das einen Teil unseres mechanischen Gehirns ausmacht, erzeugt Zeit. *Gibt* es aber Zeit? Können Sie mir folgen? Wenn alles Denken aufhört, besteht dann noch Furcht? Nehmen Sie einmal an, ich fürchte mich vor der öffentlichen Meinung, vor dem, was die Leute von mir sagen und denken werden; aber gerade meine Gedanken darüber *erzeugen* doch die Furcht. Gäbe es kein Denken, so wäre mir die öffentliche Meinung ganz gleichgültig, und ich hätte keine Furcht. Ich fange also an zu entdecken, daß Denken Furcht erzeugt, und daß Denken ein Ergebnis der Zeit ist. Und unser Denken als Ergebnis vieler Gestern, beeinflußt durch alle Erlebnisse der Gegenwart, schafft auch die Zukunft – die immer noch Denken darstellt.

Der gesamte Inhalt unseres Bewußtseins ist also ein Denkvorgang und daher innerhalb der Zeit begrenzt. Ich hoffe, Sie können dem folgen.

Kann sich nun unser Denken von Zeit befreien? Ich spreche nicht davon, sich von chronologischer Zeit freizumachen, das wäre geistig unausgeglichen oder wahnsinnig. Ich spreche vielmehr von Zeit als Leistung, Erfolg, als ein Ziel für morgen, als Werden und Nicht-Werden, als Erfüllung und Enttäuschung, als ein Ablegen und Neuerwerben. Das Problem lautet also: kann das Denken, das unser gesamtes, offenbartes und verborgenes Bewußtsein darstellt, vollkommen absterben, zu bestehen aufhören? Wenn das geschieht, hat man das Bewußtsein in seiner Gesamtheit verstanden.

Sterben heißt also, seinem Denken gegenüber abzusterben – dem Denken, das Freude und Leid kennt, dem Denken, das Tugenden und Beziehungen gekannt hat, das etwas geworden ist und mancherlei Ausdrucksformen gefunden hat, immer auf dem Gebiet der Zeit. Das ist vollkommenes Sterben. Ich spreche hier nicht von dem mechanischen, organischen Tode, vom körperlichen Sterben. Ärzte werden vielleicht Mittel erfinden, die es dem Körper ermöglichen, sein organisches Dasein auf hundertundfünfzig oder zweihundert Jahre auszudehnen – Gott weiß wofür, aber das ist hier belanglos. Wichtig ist nur das Sterben, worin *keine* Furcht liegt.

Kann also unser Denken alles aufgeben, was es kennt, das

heißt die Vergangenheit und auch den Tod? Denn wir fürchten uns alle vor dem Tode, dem plötzlichen Aufhören, ohne daß wir gefragt werden. Mit dem Tod läßt sich nicht diskutieren: er ist das Ende. Und zu enden, bedeutet seinem Denken und damit der Zeit gegenüber abzusterben.

Ich weiß nicht, ob Sie je Versuche damit angestellt haben. Es ist verhältnismäßig leicht, sein Leiden aufzugeben; jeder Mensch versucht das. Sollte es aber nicht möglich sein, auch seine Freuden aufzugeben, alle Dinge, die man geschätzt hat, alle Erinnerungen, die anregen und einem das Gefühl des Wohlseins verleihen – das heißt, allem gegenüber abzusterben, was innerhalb der Zeit liegt? Wenn Sie es je getan haben oder darauf eingegangen sind, müssen Sie bemerkt haben, daß dann der Tod eine ganz andere Bedeutung bekommt als die des Verfalls.

Wissen Sie, diese Dinge geben wir nie auf; statt dessen verfallen, verderben, entarten und vergehen wir von einem Augenblick zum andern. Zu sterben bedeutet, keine Fortsetzung des Denkens mehr zu haben. Vielleicht antworten Sie mir: «Das ist sehr schwer, und wenn man es erreicht hat, welchen Wert hat es dann?» Es ist durchaus nicht schwer, aber man braucht gewaltige Energie dazu. Es erfordert einen jungen, frischen und furchtlosen Sinn, der infolge seiner Beschaffenheit frei von Zeit ist. Und welchen Wert hat es? Vielleicht keinen Nützlichkeitswert. Das Denken und damit Zeit aufzugeben, heißt das Schöpferische zu entdecken – das jede Sekunde alles zerstören und alles wieder neu erschaffen kann. Hierin liegt keine Entartung, kein Verfall. Es ist nur unser Denken, das entartet – das Denken, das einen Mittelpunkt als unser ‚Ich' und ‚Nicht-Ich' schafft – nur *das* kennt Verfall.

Also, alles aufzugeben, was unser Denken angesammelt und erfahren hat, augenblicklich alles einzustellen, bedeutet Schöpfung ohne Fortdauer. Alles, was sich fortsetzt, verfällt. Ich weiß nicht, ob Sie das beständige Verlangen nach Fortdauer bei den meisten Menschen schon bemerkt haben, zum Beispiel das Verlangen nach der Fortsetzung bestimmter Beziehungen, zwischen Mann und Frau, Vater und Sohn und so weiter. Jede Beziehung, die anhält, verblüht, stirbt ab und wird wertlos. Doch sobald man Fortdauer aufgibt, wird alles neu und frisch.

Unser Denken kann also direkt erfahren, was Sterben ist, und das ist etwas ganz Außerordentliches. Die meisten Menschen wissen nicht einmal, was Leben ist, und daher auch nicht, was Sterben bedeutet. Wissen wir denn, was es heißt zu leben? Wir kennen unsere Kämpfe und unsern Neid, wir kennen die Brutalitäten unseres Daseins, die allgemeine Rohheit, wir kennen unsern Haß und Ehrgeiz, unsere Verdorbenheit und unsere Konflikte – all das kennen wir, es ist unser Leben. Doch den Tod kennen wir nicht, daher fürchten wir uns vor ihm. Wenn wir wüßten, was leben heißt, würden wir vielleicht auch wissen, was sterben ist. Leben ist eine zeitlose Bewegung, innerhalb derer unser Sinn nicht mehr ansammelt. Im Augenblick, da man ansammelt, befindet man sich bereits im Zustand des Verfalls; denn um jedes noch so große oder kleine Erlebnis errichtet man sogleich eine Sicherheitsmauer.

Wenn man also weiß, was leben bedeutet, so heißt es, jeden Augenblick alles, was man erworben hat, alle inneren Freuden und Leiden aufgeben zu können, und zwar nicht im Verlauf von Zeit, sondern unmittelbar, wenn alles auftritt. Ist man einmal soweit vorgedrungen, so wird man bemerken, daß der Tod dem Leben gleicht. Dann ist das Leben nicht mehr abseits vom Sterben, und dadurch entsteht ein außerordentliches Empfinden der Schönheit. Diese Schönheit ist jenseits von Denken und Fühlen, sie läßt sich weder zusammenstellen noch beim Malen eines Bildes, beim Schreiben eines Gedichts oder Spielen eines Instruments anwenden. All das ist unwichtig. Es gibt eine Schönheit, die zutagetritt, wenn Leben und Tod dasselbe, wenn sie gleichbedeutend sind; denn Leben und Tod lassen unsern Sinn reich, umfassend und einheitlich zurück.

Wollen Sie jetzt darüber diskutieren oder Fragen stellen?

Es scheint, als ob einige von Ihnen so schnell mit Fragen bei der Hand sind, daß ich gern wüßte, ob Sie wohl dem Redner zugehört haben? Haben Sie zugehört, oder haben Sie sich damit beschäftigt, Ihre Fragen zu formulieren? Verstehen Sie, was ich meine? Sie waren schon dabei, Ihre Fragen in Worte zu kleiden, und können daher kaum zugehört haben. Bitte, glauben Sie mir, ich will nicht grob sein, sondern nur etwas aufzeigen. Wenn Sie diesem Gespräch zugehört hätten, wären Ihre Fragen schon beantwortet.

Frage: Kann durch das Erforschen der Furcht nicht die Gefahr der Geisteskrankheit entstehen?

KRISHNAMURTI: Kann es eine größere Gefahr für Geisteskrankheit geben als bei der geistigen Einstellung, mit der wir heute leben? Verzeihen Sie, daß ich darauf hinweise, aber sind wir nicht alle ein wenig geistig gestört? Ich möchte nicht unhöflich sein und habe auch nicht die Absicht oder die Idee, über Sie zu urteilen. Aber heutzutage ist jedermann so außerordentlich besorgt über die wachsende Gefahr der Geisteskrankheiten. Wissen Sie, was uns krank macht? Nicht die Untersuchung der Furcht. Kriege, Kommunismus, religiöse Blindgläubigkeit, Ehrgeiz, Wettbewerb, Snobismus – diese Dinge sind die Anzeichen von Geisteskrankheit in einem Menschen. Die Untersuchung der Furcht und die vollkommene Befreiung des Denkens von ihr ist höchste geistige Gesundung. Deutet diese Frage nicht darauf, daß wir die gegenwärtige Gesellschaftsform für etwas Wunderbares halten? Wahrscheinlich sind Menschen mit einem guten Bankkonto und einigem Wohlstand der Ansicht, alles sei in Ordnung, und wollen nicht gern gestört werden. Das Leben ist jedoch beunruhigend und zerstörend, und davor fürchten wir uns. Es interessiert uns nicht, zu leben oder frei von Furcht zu werden, wir wollen nur eine Ecke finden, wo wir uns sicher und bequem zurückziehen und in Ruhe verkommen können. Das sind nicht leere Phrasen, es ist unser inneres, geheimes Verlangen. Wir suchen nach solcher Sicherheit in jeder einzelnen Beziehung. Wieviel Eifersucht und Neid gibt es doch in unsern Beziehungen! Wieviel Haß, wenn sich die Frau vom Manne abwendet, oder der Mann mit einer andern davongeht. Wie wir immer nach Billigung der Gesellschaft und dem Segen der Kirche streben! Alles zusammen muß zweifellos zur Entartung und Zerstörung der gesunden Vernunft führen.

Frage: Diese Dinge sind noch ganz neu für uns, und ich glaube, wir müssen damit fortfahren.

KRISHNAMURTI: Sie können nicht damit fortfahren. Wenn Sie das tun, sind es nichts als Ideen für Sie, und Ideen können nie etwas Neues schaffen. Ich habe über die völlige Zerstörung von all dem gesprochen, was sich unser Denken innerlich aufgebaut hat. Zerstörung läßt sich nicht fortsetzen, sonst wird sie nur wieder zum Aufbau, zum Gebäude, das wieder zerstört werden muß. Wir brauchen einen neuen, frischen Sinn, ein neues Herz, Unschuld und junges entschiedenes Denken; dazu muß zerstört werden; und es muß eine Schöpfung entstehen, die ewig neu ist.

9

Heute ist unsere letzte Zusammenkunft. Im Lauf dieser Gespräche haben wir eine Menge Themen behandelt, und ich glaube, wir sollten uns heute morgen damit befassen, was religiöses Denken ist. Ich möchte gern so tief wie möglich darauf eingehen, denn ich habe das Gefühl, daß wir nur mit solchem Denken alle unsere Probleme lösen können – nicht nur die politischen und wirtschaftlichen, sondern auch die viel grundlegenderen Probleme des menschlichen Daseins. Bevor wir darangehen, müssen wir meiner Ansicht nach wiederholen, was wir schon früher gesagt haben: ein Mensch mit ernsthaftem Denken ist willens, den Dingen bis auf den Grund zu gehen und herauszufinden, was wahr und was falsch ist; er hört nicht auf halbem Wege auf und läßt sich durch keine anderen Überlegungen ablenken. Ich hoffe, daß unsere Zusammenkünfte genügend erwiesen haben, daß wenigstens ein paar Menschen ernst genug und dazu fähig sind.

Wahrscheinlich sind wir alle mit der gegenwärtigen Weltlage gut vertraut, und man braucht uns nichts mehr zu sagen über Betrug und Verdorbenheit, über gesellschaftliche und wirtschaftliche Unzulänglichkeiten, über drohende Kriegsgefahr oder die beständigen Drohungen des Ostens gegen den Westen, und so weiter. Will man die ganze Verwirrung verstehen und Klarheit herbeiführen, so scheint es mir, daß eine grundlegende Veränderung in unserm eigenen Denken, nicht nur Flickwerk-Reform oder bloße Anpassung stattfinden muß. Um sich durch all die Verwirrung durchzuarbeiten, die nicht nur außerhalb von uns, sondern auch in uns besteht, um sich mit den wachsenden Spannungen und steigenden Anforderungen auseinanderzusetzen, braucht man eine gründliche Revolution in seinem Wesen, braucht man einen vollkommen anders eingestellten Sinn.

Für mich ist Revolution gleichbedeutend mit Religion. Mit dem Wort ‚Revolution' meine ich nicht unmittelbare, wirtschaftliche oder gesellschaftliche Veränderungen, sondern eine Umwälzung in unserm Bewußtsein. Alle anderen Formen der Revolution, sei es kommunistische oder kapitalistische oder was Sie wollen, sind nichts als reaktionäre Ereignisse. Eine Revolution im Geiste, die eine vollkommene Zerstörung alles Vergangenen bedeutet, damit man fähig wird, das Wahre ohne Verzerrung, ohne Illusion zu erkennen – das ist charakteristisch für Religion. Ich glaube, daß es wahrhaft religiöses Denken gibt. Und ich glaube auch, daß man solches Denken selber entdecken kann, wenn man wirklich tief darauf eingeht. Hat unser Denken alle Schranken und alle Lügen, die ihm durch die Gesellschaft, durch Religionen, Dogmen oder Glaubenssätze auferlegt worden sind, beseitigt und zerstört, geht es darüber hinaus, um Wahrheit zu finden, so ist es im wahren Sinne religiös.

Lassen Sie uns also zuerst auf das Problem der Erfahrung eingehen. Unser Gehirn ist das Ergebnis jahrhundertealter Erfahrung, es ist der Lagerraum unseres Gedächtnisses. Ohne unser Gedächtnis, ohne unsere Ansammlung von Erfahrung und Wissen wären wir überhaupt nicht imstande, als menschliche Wesen zu funktionieren. Erfahrung und Gedächtnis sind auf einer bestimmten Ebene offenbar nötig. Aber ich glaube, es ist auch ziemlich deutlich, daß alle Erfahrung, die sich auf die Bedingtheit von Wissen und Gedächtnis stützt, notwendigerweise begrenzt sein muß. Daher kann Erfahrung nicht der befreiende Faktor sein. Ich weiß nicht, ob Sie je darüber nachgedacht haben.

Jede Erfahrung wird durch vergangene Erfahrungen beeinflußt; daher gibt es keine neuen Erfahrungen, sie sind alle durch die Vergangenheit gefärbt. Im Vorgang des Erlebens findet schon eine Verzerrung statt, die aus der Vergangenheit entsteht; und die Vergangenheit setzt sich zusammen aus Wissen, Gedächtnis und den verschiedenen, angesammelten Erfahrungen des Einzelnen, der Rasse und der Gemeinschaft. Ist es nun möglich, all diese Erfahrungen zu verleugnen?

Ich weiß nicht, ob Sie schon einmal auf das Thema des Verleugnens eingegangen sind, nämlich was es heißt, einer Sache entgegenzutreten. Es bedeutet die Fähigkeit, alle Autorität von Wissen, Erfahrung und Gedächtnis in Abrede zu stellen; es bedeutet, dem Geistlichen und der Kirche und allem, was unserm Geiste auferlegt ist, entgegentreten zu können. Für die meisten Menschen gibt es nur zwei Wege, dies zu tun – einerseits durch Wissen und andrerseits durch Reaktion. Man wird die Autorität des Geistlichen, der Kirche, des geschriebenen Wortes oder der Bücher entweder bestreiten, weil man studiert, geforscht und andere Kenntnisse erworben hat; oder aber weil es einen nicht anspricht und man aus diesem Grunde dagegen reagiert. Wahres Verleugnen dagegen bedeutet, etwas in Abrede zu stellen, ohne zu wissen, was geschehen wird, ohne Hoffnung auf die Zukunft, nicht wahr? Zweifellos liegt die einzig wahre Form der Verneinung in den Worten: Ich weiß nicht, was wahr ist, aber *dies* ist falsch; denn solche Ablehnung geschieht weder aus berechnendem Wissen noch aus Reaktion. Schließlich, wenn man im voraus weiß, wohin die Ablehnung führen wird, ist sie nichts als ein Austausch, eine Art Kuhhandel und daher keine wahre Verneinung mehr.

Ich finde, wir müssen das zuerst verstehen und etwas tiefer darauf eingehen, denn ich möchte jetzt durch Ablehnen oder

Verleugnen untersuchen, was religiöses Denken ist. Ich bin der Meinung, daß man durch Verneinung herausfinden kann, was wahr ist. Durch das Aufstellen von Behauptungen kann man es nicht. Man muß das Bekannte vollkommen beiseitesetzen, ehe man mit dem Untersuchen beginnen kann.

Wir wollen also durch Ablehnung, das heißt durch Verneinung oder negatives Denken untersuchen, was mit einem religiösen Sinn gemeint ist. Und offenbar kann die negative Untersuchung nicht stattfinden, wenn sich unsere Ablehnung auf Wissen oder Reaktion stützt. Ich hoffe, das ist klar. Wenn ich nämlich die Autorität des Geistlichen, der Bücher oder der Tradition in Abrede stelle, weil sie mich nicht anspricht, dann habe ich nur eine Reaktion und werde etwas anderes an deren Stelle setzen; und wenn ich alles ableugne, weil ich genügend Wissen, Tatsachen und Kenntnisse habe, wird mein Wissen zu einer Zuflucht. Es gibt aber eine andere Form der Ablehnung, die kein Ergebnis von Reaktion oder Wissen ist, sondern der Beobachtung, der Wahrnehmung eines Dinges an sich, der Erkenntnis einer Tatsache entspringt; und das ist wahre Verneinung, denn sie läßt das Denken von allen Annahmen, Illusionen, Autoritäten und Wünschen geläutert zurück.

Ist es nun möglich, Autorität abzuleugnen? Ich meine damit nicht die Autorität des Polizisten oder des Landesgesetzes und so weiter; das wäre töricht und unreif und würde uns nur ins Gefängnis bringen. Ich verstehe darunter vielmehr das Leugnen aller Autorität, die von der Gesellschaft unserm Geiste, unserm Bewußtsein auferlegt wird, und das Leugnen aller Autorität von Erfahrung und Wissen; ohne diese wird sich unser Denken in einem Zustand befinden, in dem es nur weiß, was *nicht* wahr ist, aber nicht weiß, was geschehen wird. Sehen Sie, wenn Sie einmal soweit vorgedrungen sind, werden Sie ein erstaunliches Empfinden der Zusammengeschlossenheit bekommen, so daß Sie nicht mehr zwischen entgegengesetzten, unvereinbaren Wünschen hin und her gerissen werden; die Erkenntnis dessen, was wahr und was falsch ist, oder das Sehen des Wahren im Falschen wird Ihnen ein Gefühl tatsächlicher Wahrnehmung, eine gewisse Klarheit verleihen. Nach der Zerstörung aller Sicherheit und Furcht, aller ehrgeizigen und eitlen Gefühle, aller Visionen und Ziele – kurz, von *allem*, gelangt das Denken in einen Zustand völligen Alleinseins ohne jede Beeinflußung.

Will man die Wirklichkeit oder Gott oder wie man es auch nennen mag, entdecken, so muß das Denken sicherlich alleinstehen und unbeeinflußt sein, denn nur dann ist es rein, und reines Denken kann fortschreiten. Wenn die vollkommene Zerstörung von allem stattfindet, was das Denken sich selber zur Sicherung der Hoffnung, und auch als Widerstand gegen seine Hoffnung – in Form von Verzweiflung – aufgebaut hat, so entsteht ein furchtloser Zustand, worin es keinen Tod gibt. Sobald das Denken alleinsteht, ist es vollkommen aufs Leben eingestellt, und dabei kann es in jeder Minute sterben; daher gibt es für solches Denken keinen Tod. Es ist wirklich ganz außerordentlich, wenn man tief darauf eingeht: man kann selber herausfinden, daß es den Tod nicht gibt. Dann besteht nur der Zustand reiner Einfachheit des Denkens, das alleinsteht.

Solches Alleinsein ist aber keine Isolierung; es bedeutet weder Flucht hinter Mauern noch Einsamkeit. Das hat man alles hinter sich gelassen, vergessen, vertrieben und zerstört. Ein solcher Mensch weiß also, was Zerstörung ist; und wir *müssen* Zerstörung kennen lernen, sonst werden wir nie etwas Neues finden. Wie sehr fürchten wir uns aber davor, all das, was wir gesammelt haben, zu zerstören!

Es gibt einen Sanskrit Ausspruch: ‚Ideen sind die Kinder unfruchtbarer Frauen'. Ich glaube, die meisten Menschen schwelgen in Ideen. Vielleicht halten Sie diese Gespräche auch nur für einen Gedankenaustausch – sei es, um neue Ideen anzunehmen und alte fahren zu lassen, oder um neue Ideen zu verwerfen und an den alten festzuhalten. Wir haben es jedoch hier überhaupt nicht mit Ideen zu tun. Wir behandeln Tatsachen. Und wenn man sich mit Tatsachen beschäftigt, gibt es kein Sich-Anpassen: man kann sie nur hinnehmen oder ablehnen. Sie können entweder sagen: «Diese Ideen gefallen mir nicht, ich ziehe die alten vor, ich will so weiterleben wie bisher» – oder Sie müssen sich der Tatsache anschließen. Weder Kompromiß noch Anpassung ist möglich. Zerstörung ist nicht Anpassung. Es wirkt nicht zerstörend, wenn man sich anpaßt und sagt: Ich muß weniger ehrgeizig oder nicht so neidisch sein. Sicherlich muß man es als wahr erkennen, daß Ehrgeiz und Neid häßlich und dumm sind; und man muß alle diese Sinnwidrigkeiten zerstören. Liebe paßt sich nie an. Nur Verlangen, Furcht oder Hoffnung wollen sich anpassen. Daher wirkt Liebe zerstörend, denn sie weist jede Anpassung oder Angleichung an ein Schema zurück.

Wir fangen also an zu entdecken, daß Schöpfung entsteht, sobald man alle Autorität zerstört, die man in seinem Verlangen nach innerer Sicherheit geschaffen hat. Zerstörung ist zugleich Schöpfung.

Wenn Sie nun alle Ideen aufgegeben haben und sich nicht länger ihrem eigenen Lebensschema oder einem neuen, das Sie für ein Werk des Redners halten, anpassen wollen, wenn Sie soweit gekommen sind, werden Sie finden, daß sich das Gehirn nur mit äußeren Dingen beschäftigen, daß es nur auf Forderungen von außen reagieren darf und muß; dadurch wird es dann vollkommen ruhig. Das bedeutet, daß die Autorität seiner Erfahrungen aufgehört hat, und es unfähig ist, neue Illusionen hervorzurufen. Um zu untersuchen, was wahr ist, muß nämlich unsere Fähigkeit, Illusionen jeglicher Art zu schaffen, ganz aufhören. Die Macht, Illusionen zu schaffen, ist zugleich unsere Macht des Wünschens, unser Ehrgeiz, die Macht unseres Verlangens, etwas Bestimmtes zu sein und etwas anderes nicht.

Unser Gehirn muß also mit Vernunft, mit gesundem Verstand und mit Klarheit in dieser Welt funktionieren; aber im Innern muß es vollkommen ruhig werden.

Die Biologen erklären uns, daß es Millionen Jahre gedauert hat, unser Gehirn auf seine gegenwärtige Stufe zu bringen, und daß wiederum Millionen Jahre nötig sein werden, um es weiter zu entwickeln. Nun hängt aber die Entwicklung religiösen Denkens nicht von Zeit ab. Ich wünschte, Sie könnten dem folgen. Was ich sagen will, ist folgendes: wenn das Gehirn nur noch auf unser äußeres Dasein reagiert und im Innern zur Ruhe gekommen ist, gibt es kein Triebwerk mehr, das Erfahrungen und Wissen ansammelt; daher verhält es sich innerlich vollkommen still, ist aber sehr lebendig; und dann kann es Millionen Jahre überspringen.

Für religiöses Denken gibt es also *keine* Zeit. Zeit besteht nur in einem Zustande, in dem man sich von einer Fortsetzung zur nächsten und zu einer Leistung weiterbewegt. Hat das religiöse Denken die Autorität der Vergangenheit, alle Traditionen und alle Wertbegriffe, die ihm auferlegt worden sind, zerstört, so kann es ohne Zeit bestehen. Dann ist es voll und ganz entwickelt. Denn wenn man einmal Zeit verleugnet, hat man damit auch alle Entwicklung in Zeit und Raum abgelehnt. Bitte, das ist keine bloße Idee, es ist nichts, womit sich spielen ließe. Hat man es selber erlebt, so weiß man, was es bedeutet; wenn nicht, darf man diese Ideen nicht aufgreifen und mit ihnen spielen.

Sie werden also finden, daß Zerstörung zugleich Schöpfung ist; und in der Schöpfung gibt es keine Zeit. Schöpfung ist ein Zustand, worin das Gehirn nach der Zerstörung der Vergangenheit vollkommen ruhig geworden ist und daher nicht mehr in Zeit und Raum wachsen, sich ausdrücken oder etwas werden kann. Ein solcher schöpferischer Zustand ist nicht derselbe wie bei den wenigen begabten Menschen, den Malern, Musikern, Schriftstellern oder Architekten. Nur ein religiöser Sinn kann sich im Zustand wahrer Schöpfung befinden. Und ein religiöser Mensch gehört keiner Kirche, keinem Glauben oder Dogma an, denn das sind Bedingtheiten. Selbst wenn man jeden Morgen in die Kirche geht und etwas anbetet, ist man noch kein religiöser Mensch, obwohl die konventionelle Gesellschaft einen dafür ansehen mag. Erst die völlige Zerstörung des Bekannten macht den Menschen religiös.

Bei solcher Schöpfung entsteht ein Gefühl der Schönheit, einer Schönheit, die nicht von Menschen zusammengestellt worden ist, einer Schönheit jenseits von Denken und Fühlen. Schließlich sind Denken und Fühlen nichts als Reaktionen, und Schönheit ist keine Reaktion. Religiöses Denken hat solche Schönheit; es ist nicht nur das Wahrnehmen und Genießen der Natur, der lieblichen Berge und brausenden Ströme, sondern ein ganz anderes Schönheitsgefühl, und Hand in Hand damit geht die Liebe. Ich glaube, man kann Schönheit und

Liebe nicht trennen. Sehen Sie, für die meisten Menschen ist Liebe etwas Schmerzliches, weil sie immer mit Eifersucht, Haß und Besitzgefühlen gepaart geht; doch die Liebe, von der wir sprechen, ist ein Zustand – eine Flamme ohne Rauch.

Religiöses Denken kennt also vollkommene, umfassende Zerstörung und weiß auch, was es heißt, sich in einem schöpferischen Zustand zu befinden, der sich nicht mitteilen läßt. Gleichzeitig tritt das Empfinden für Schönheit und Liebe auf, die voneinander untrennbar sind. Liebe läßt sich nicht in göttliche und körperliche zerlegen. Es ist Liebe. Mit ihr entsteht natürlich und selbstverständlich ein Gefühl der Leidenschaft. Ohne Leidenschaft kann man nicht sehr weit gehen – Leidenschaft heißt tiefes Fühlen. Es ist aber kein intensives Verlangen, etwas ändern oder tun zu wollen, keine Intensität, die eine Ursache hat und wieder verschwindet, sobald man die Ursache entfernt. Es ist kein Zustand der Begeisterung. Schönheit entsteht nur bei einfacher, strenger Leidenschaft, und da religiöses Denken sich in solchem Zustand befindet, hat es eine besondere Stärke.

Sehen Sie, Stärke bedeutet für uns immer ein Ergebnis des Willens, ein Ergebnis vieler Wünsche, die zum Strick des Willens verknotet werden. Und bei den meisten Menschen ist der Wille nichts als Widerstand. Man entwickelt Willenskraft, wenn man sich im Widerstand gegen etwas oder auf der Jagd nach einem Ergebnis befindet, und das nennt man im allgemeinen Stärke. Aber die Stärke, von der wir sprechen, hat nichts mit dem Willen zu tun. Es ist eine Stärke ohne Ursache; man kann sie nicht nutzbar machen, doch ohne sie kann nichts bestehen.

Ist man also soweit in seiner eigenen Entdeckung fortgeschritten, dann sieht man, daß religiöses Denken besteht; es gehört aber keinem Einzelwesen an. Es ist Denken, es ist religiöses Denken abseits von allen menschlichen Bestrebungen, von den Forderungen, Trieben oder Zwangsvorstellungen des Einzelnen. Wir haben hier nur die umfassende Gesamtheit solchen Denkens beschrieben, das vielleicht zersplittert erscheint infolge der vielen verschiedenen Worte, die wir gebraucht haben; es ist dagegen ein Ganzes, in dem alles enthalten ist. Daher kann religiöses Denken das empfangen, was unser Gehirn nicht messen kann. Dieses Etwas ist unnennbar; kein Tempel, kein Priester, keine Kirche, kein Dogma kann es enthalten. All das zu verleugnen und in jenem Zustand zu leben, bedeutet wahres, religiöses Denken.

Frage: Kann man religiöses Denken durch Meditieren erlangen?

KRISHNAMURTI: Zuerst müssen Sie begreifen, daß man es nicht erlangen, nicht erwerben oder durch Meditieren erkaufen kann. Keine Tugend, kein Opfer, kein Meditieren – nichts auf der Welt kann es erkaufen. Der Wunsch nach dem Erreichen, Erlangen, Erwerben oder Kaufen muß vollkommen aufhören, ehe es entstehen kann. Man kann das Meditieren nicht benutzen. Das, wovon ich gesprochen habe, *ist* meditieren, es ist kein Weg zu etwas. In jedem Augenblick des täglichen Lebens zu entdecken, was wahr und was falsch ist, das ist Meditieren. Man kann sich nicht in die Meditation flüchten, man kann nicht Visionen oder alle möglichen seelischen Erregungen darin erleben – das ist Selbst-Hypnose und daher unreif und kindisch. Aber den ganzenTag lang die Tätigkeit seines Denkens zu beobachten, das Triebwerk der Verteidigung bei der Arbeit zu sehen, Furcht, Ehrgeiz, Gier und Neid bei sich wahrzunehmen – all das zu beobachten, es dauernd zu untersuchen, das ist Meditieren, oder besser: ein Teil davon. Ohne rechte Grundlage gibt es aber kein Meditieren, und man legt die rechte Grundlage, indem man sich von Ehrgeiz, Gier, Neid und allem andern freimacht, was wir zu unserer Selbst-Verteidigung geschaffen haben. Sie brauchen sich an niemanden zu wenden, um zu lernen, was Meditieren ist, oder um eine Methode zu bekommen. Wenn ich mich selber beobachte, kann ich sehr einfach herausfinden, ob ich ehrgeizig bin oder nicht. Niemand anders braucht es mir zu sagen. Ich weiß es. Es ist aber durchaus nötig, unsern Ehrgeiz mit Wurzel, Stamm und Frucht auszureißen, ihn voll zu erkennen und ganz zu zerstören. Sehen Sie, wir wollen immer so weit fortschreiten, ohne den ersten Schritt zu tun. Sie werden bemerken, daß, wenn Sie den ersten Schritt tun, es zugleich der letzte ist. Es gibt keinen anderen Schritt.

Frage: Ist es wahr, daß wir unsern Verstand nicht gebrauchen können, um die Wahrheit zu entdecken?

KRISHNAMURTI: Was verstehen wir unter dem Verstande? Verstand ist organisiertes Denken, wie Logik organisierte Ideen darstellt, nicht wahr? Und Denken ist begrenzt, mag es auch noch so klug, ausgedehnt und gelehrt sein. Alles Denken ist begrenzt. Sie können es selber beobachten; es ist nichts Neues. Das Denken kann niemals frei sein. Es besteht aus Reaktionen oder Antworten aus dem Gedächtnis, und ist ein mechanischer Vorgang. Es kann vernünftig sein, es kann normal und logisch sein, aber es ist begrenzt. Es ist wie ein elektronischer Computor. Doch kann das Denken nie etwas Neues entdecken. Unser Gehirn hat im Lauf der Jahrhunderte Erfahrungen, Antworten, Erinnerungen erworben und angesammelt; wenn es denkt, ist es daher bedingt und kann nichts Neues herausfinden. Hat das Gehirn jedoch den gesamten Ablauf von Vernunft, Logik, Untersuchung und Denken begriffen – ihn nicht abgelehnt, sondern verstanden – dann wird es ruhig. Dann kann, nicht mit dem Verstande, sondern im Zustand der Stille das Wahre entdeckt werden.

Frage: Man sieht, wie absurd es ist, alles Äußerliche und Innerliche zu verurteilen, aber man hört nie damit auf. Was soll man also tun?

KRISHNAMURTI: Wenn wir sagen: «Ich sehe, daß ich nicht verurteilen darf», was meinen wir dann mit dem Wort ‚sehen'? Bitte, folgen Sie mir langsam. Ich untersuche das Wort ‚sehen'. Was verstehen wir darunter? Wie sehen wir etwas? Nehmen wir eine Tatsache durch Worte wahr? Wenn ich sage: «Ich sehe, daß Verurteilung absurd ist», sehe ich es dann wirklich? Oder betrachte ich nur die Worte ‚Ich darf nicht verurteilen'? Die wahre Tatsache, daß Verurteilung nirgendwohin führt, sehe ich einfach nicht. Ich weiß nicht, ob ich mich deutlich ausdrücke. Das Wort ,Tür' ist doch nicht die Tür, nicht wahr? Das Wort ist nicht das Ding, und wenn wir das Ding mit dem Worte verwechseln, sehen wir es nicht. Sobald wir jedoch das Wort beiseitesetzen, können wir das Ding an sich betrachten. Wenn ich alle stillschweigenden Folgerungen im Katholizismus, Hinduismus oder Kommunismus sehe – nicht allein die Worte – dann habe ich alles begriffen, und es ist für mich zu Ende. Klammere ich mich aber an das Wort, dann wird das Wort zu einem Hindernis, über das ich nicht hinwegsehen kann. Um also wirklich zu *sehen,* muß das Denken frei vom Worte sein, und muß die Tatsache wahrnehmen. Ich muß es tatsächlich erkennen, daß Verurteilung jeglicher Art mein Denken davon abhält, etwas wahrhaft zu betrachten. Wenn ich meinen Ehrgeiz nur verurteile, kann ich seine Anatomie, sein ganzes Gefüge nicht erkennen. Will das Denken den Ehrgeiz verstehen, so darf keine Verurteilung mehr stattfinden; man muß vielmehr die Tatsache an sich wahrnehmen, ohne ihr Widerstand zu leisten, ohne sie abzuleugnen. Dann wird die Erkenntnis der Tatsache ihre eigene Handlung zeitigen. Wenn ich das gesamte Gefüge des Ehrgeizes tatsächlich sehe, wird die Tatsache an sich meinem Denken die Absurdität, die Gefühllosigkeit und die ungeheuer schädliche Natur des Ehrgeizes offenbaren, und er fällt von mir ab: ich brauche gar nichts mehr dazu zu tun.

Und wenn ich innerlich die volle Bedeutung der Autorität sehe, wenn ich sie studiere, beobachte, in sie eindringe, ohne sie zu verleugnen oder hinzunehmen, sondern sie lediglich erkenne, dann fällt sie von mir ab.